东西方文明散论

茅 笛 编著

中国社会出版社
国家一级出版社·全国百佳图书出版单位

图书在版编目（CIP）数据

东西方文明散论 / 茅笛编著 . -- 北京 : 中国社会出版社 , 2020.5
ISBN 978-7-5087-6355-2

Ⅰ . ①东… Ⅱ . ①茅… Ⅲ . ①世界史—文化史—研究
Ⅳ . ① K103

中国版本图书馆 CIP 数据核字 (2020) 第 080588 号

书　　名： 东西方文明散论
编　　著： 茅笛

出 版 人： 浦善新
终 审 人： 尤永弘
责任编辑： 陈贵红

出版发行： 中国社会出版社　　邮政编码：100032
通联方式： 北京市西城区二龙路甲 33 号
电　　话： 编辑部：（010）58124828
邮购部：（010）58124848
销售部：（010）58124845
传　真：（010）58124856
网　　址： www.shcbs.com.cn
shcbs.mca.gov.cn
经　　销： 各地新华书店

中国社会出版社天猫旗舰店

印刷装订： 河北盛世彩捷印刷有限公司
开　　本： 170mm × 240mm　1/16
印　　张： 11.25
字　　数： 160 千字
版　　次： 2020 年 8 月第 1 版
印　　次： 2020 年 8 月第 1 次印刷
定　　价： 48.00 元

中国社会出版社微信公众号

编委会名单

天之道，利而不害；圣人之道，为而不争。

——老子《道德经》

任何一种文明体系的出现，都是人类成长的脚步，若要长久持续则需遵循道德。“大道氾兮，道生之，德畜之。”道生万物而德养育万物。

命运共同体是人类文明的觉醒。

茅 笛

序

认识文明多样性，理解文明不冲突

——以生态文明对话世界

在我为茅笛先生《东西方文明散论》一书作序期间，参考消息网 2019 年 5 月 6 日一篇最新报道引起了我的注意，报道提到：在美国国务院政策规划事务主任斯金纳的领导下，该部门的员工正在为对华“文明冲突”做准备。斯金纳认为中美之间的竞争，代表着一种巨大的“文明冲突”。

其实斯金纳的理论并不新鲜，作为“文明冲突论”的创始人、美国政治学家塞缪尔·亨廷顿认为“文明的冲突将主宰全球政治，文明间的（在地缘上的）断裂带将成为未来的战线”。

文明冲突论自 20 世纪 90 年代被提出，到最近被美国政客拿来注解中美关系，其争论始终未停止过。这个时候，茅笛先生《东西方文明散论》一书提出了一种新的思考，令我倍感欣喜，此书对于大家从更大维度思考文明这一论题，提供了更开阔的空间，值得一读。

《东西方文明散论》反映了作者对人类命运深沉的思考和呐喊。文明不冲突，文明更不应该冲突。专著多视角地论述了东西方文明基因形成以及哲学认知，并将文明与文化分开，提出了“文化差异可以共存，而文明的共识则需统一”的观点，“文明是和谐，冲突就不和谐，就不是文明”的这一公理，文明只有一个标准就是“和谐”，文化可以差异乃至融合。文明的冲突就不是文明，故文明不冲突。

当我们把“文化”和“文明”这两个概念区分开时，“文明的对话”便找到了一个共同点“和谐”，世界秩序的重建也找到了一个共同的目标标的“和谐”。而不同文化在交流交融当中有排斥，如同不同血型之间的排斥一样在逐渐的学习中来走向融合，减少排斥，走向共识。

从文明角度纵览人类历史，我们已经经历了原始文明、农业文明、工业文明这三个大的文明历程。在每个文明阶段，都有其代表性的政治、文化、生产、资本等要素，这些要素之间或有不同，或有冲突，但在该阶段文明框架下，亦广泛存在同质性，就像原始文明的图腾信仰、农业文明的铁器使用、工业文明的机械发明一样。

同样，在人类文明发展到一定阶段，也将随着人类社会的发展，被更新的、更顺应形势的新文明取代。以工业文明时代为例，1781 年，瓦特发明了蒸汽机，机械的轰鸣声，如同号角般开启了工业革命，将工业文明时代带入了快车道。在这个时代，劳动分工更加明确、机械化日益成为人们生活的常态，科技真正成为生产力，社会价值观也逐步向资本靠拢。但在工业文明进一步的发展过程中，不仅地域冲突和资源掠夺进一步加剧，而且战争连绵不断。从 1918 年第一次世界大战结束，到 1939 年的第二次世界大战开启，两次战争的间隔仅仅 20 余年。可见，各类冲突也已严重威胁到了人类生存。

现在，随着人类社会发展，我们已经进入一个全新的时代。新时代需要新文明，其中，作为继工业文明之后，与自然、与人类更加和谐、更加可持续的一种文明形态——生态文明，应运而生。

在大文明的变迁中，中国现在已经转轨驶入生态文明建设的快车道。然而，世界范围内文明多样性的多元对立依然存在，因文明多样性而产生的思想、文化、政治、经济等多领域差异之间的冲突并没有消融，但正如茅笛先生所言，“文化差异可以共存，而文明的共识则需统一”。践行生态文明，不仅是人类面对工业文明弊端的清醒认知，也是文明多样性下的“适者生存”智慧结晶。2018 年，中国将“生态文明”写入宪法，既体现了党和国家对未来人类社会发展方向的深刻认识，也反映了中国在文明变迁背景下对社会经济发展路径转变、优化升级的果断选择。

万物并育而不相害，道并行而不相悖。人类对生态文明的接纳与研究，更是涉及审美、道德、法律、教育、旅游、文化、艺术等各个方面，每个方面均体现出了文明多样性的纷繁复杂。但人类只有一个地球，各国共处一个世界，只有清楚认知生态文明状态下的文化多样性，我们才能更加积极、客观地去看待其文化多样性之间的博弈，也才能从“你死我活”的文明对立，转变为共同学习、繁荣发展的和谐共荣，才能携手应对全人类所面临的挑战，从而获得更好的、可持续的发展，进入更优秀的文明时代。此即人类命运共同体的时代。

谨以此序贺茅笛先生新书出版。

 博士

中国生物多样性保护与绿色发展基金会秘书长

第九届、第十届、第十一届全国政协委员

目　录

引　言

2017年12月6日，美国总统特朗普突然宣布承认耶路撒冷为以色列首都。巧合的是20年前的1997年12月6日，塞缪尔·亨廷顿《文明的冲突与世界秩序的重建》出版。书中强调："随着冷战的结束，正在出现的全球政治主要和最危险的方面将是不同文明集团之间的冲突，而文明的冲突，是对世界和平的最大威胁，建立在文明之上的国际秩序是防止世界大战最可靠的保障。"

面对世界今日的局面，笔者想起了托尔斯泰的一句话："历史的发展往往是不理性的，人们越想用理性来解释命运，命运就越不理性。"回看两次世界大战，都是因一件偶然的小事引发。而今天人类手中掌握的信息和武器装备已远胜当年，足以让人类毁灭，文明的冲突正在威胁人类自身，冲突升级将没有赢家。人们需要一个新的框架来理解世界政治，需要一个共同认知的公理来作为对话的标的，而《东西方文明散论》是通过把文明和文化差异区分开来，唤醒人们对东西方文化的相互包容的认知。这一模式强调不同文化不仅可以而且应该共存共享，而文明则需有一个公理。

20世纪50年代，诺贝尔和平奖获得者莱斯特·皮尔逊就警告说：人类正在进入一个不同文明必须学会在和平交往中共同生活的时代，相互学习，研究彼此的历史、理想、艺术和文化，丰富彼此的生活。否则，在这个拥挤的窄小世界里便会出现误解、紧张、冲突和灾难。

中国国家主席习近平提出的"人类命运共同体"构想，则是解决这一世纪命题的中国方案和东方智慧的构想。笔者正是沿着这一方向用老子"天之道，利而不害；圣人之道，为而不争"，中华文明五千年得以延续的"和、合”思想来思考，搜寻世界秩序重建之路径的。

《文明的冲突与世界秩序的重建》如同一副上联，20 多年一直在征集下联，我希望《东西方文明散论》作为下联来对应。更期望它可以抛砖引玉，让更多的人来关心参与世界秩序的重建，使东西方文明通过对话、学习，走向共生共处共荣。

文化是人类创造发现发明的成果，是走向人类文明的基石，人类在成长的不同时期，创造了许许多多的文化产品，一步一步走向发达、繁荣。然而，由于人类对命运的真理探知尚在发展时期，对宇宙、地球、人性、物质生化关系、地缘种族、人与人之间矛盾核心认识等许多方面差异较多，形成了不解、冷漠、歧视、竞争、对抗、压制、排斥。今日地球人是一个命运共同体，需要人们共同维护和遵守公共秩序，需要道德意识的提高、人们的文化自觉和文明的觉醒，“天之道，利而不害；圣人之道，为而不争”这句话在文中多次出现只是想提醒引起人们的关注、警觉和思考。呼唤人们在人类文明又一次进入混沌窗口期的这一历史节点上作出抉择，迈向世界新秩序的文明，迈向利而不害、为而不争的命运共同体的新时代。

让我们祈祷新时代的明天。

文明的觉醒

人类几百年来的战争、争论、探索，都是各自站在各自立场诠释世界秩序，这正如“盲人摸象”，尽管付出巨大代价，却使得“世界秩序”仍有分歧。现在的世界已是“地球村”，每个“村民”都须共同面对“命运共同体”，因为我们同住这个地球村。

这是一个具有鲜明东方特色的中国方案，彰显出中华文明在21世纪迸发的新的活力。它把握人类历史时空变迁，超越意识形态分歧、价值观念差异、文明之间的隔阂以及不同社会制度之间的矛盾，为国际秩序的革新完善提供了独特的价值理念和方案选择。

这种崭新的国际政治文化，致力于构建一种以合作共赢而不是冲突对抗为核心的新型国际关系，它将有力推动世界各国打造价值共识，增进战略互信，从而以更加包容的姿态接纳经济全球化、政治多极化、社会信息化和文化多样化的世界潮流。

当今的时代，人类又一次站在了文明前行的十字路口，人们原有的生活节奏被新技术及网络信息撕裂，原有的社会秩序荡然无存，原有的威斯特伐利亚体系不断受到挑战。而新的社会秩序准则尚未形成，各方力量激烈角逐，人们期盼着明天灿烂的文明。新的世界秩序该如何重建，是我们需要思考也必须回答的课题。

“公交上车”现象的几种形态，反映了文明的几个阶段。第一阶段很多人等公交车，车来了，凭力气，谁力气大，个头大，谁挤在前面谁先上车，这一阶段基本属于野蛮无序时期。第二阶段排队，先来后到，按序上车，属于契约阶段，但仍未进入文明阶段，因为它只讲排队不讲人文关怀，不讲照顾老弱病残。老弱病残认为你年轻人为什么不让让我，你也有老的时候。年轻人认为我先来先到凭什么要让你。这阶段虽然比第一阶段凭力气大小挤着上车有改观，但仍然出现道义上的问题，我们现在基本属于第一阶段向第二阶段的过渡期。下面，让我们来回顾人类文明的脚步。

一、文明根源之中国说

“文明”一词最早见于中国《周易文言》：“天下文明”是其用例。“文”指“文字”，指“斯文”。“斯文”者，自尧、舜、禹，经汤、文王、周公至孔子的文化传统之谓也。“明”指“昌明”，“斯文”因“文”字，而“昌明”于“天下”，就形成了“天下文明”之义，也就是“文明”一词的由来。

另外，“文明”还需一个标准。

“文明”的“文”是“文字”的“文”，这个毫无疑问。还需加上一个概念，叫作“以文载道”，光有“文字”，没有“载道”不行。除了“文字”还必须看使用“文字”记载了怎样的“文献”。

从天下文献源流来说，属于原生的，达到了以文载道标准的文明仅两支，一支是中华文明，以儒学为代表；另一支是印度文明，以佛教为代表。而只有中国典籍原汁原味地保存至今。中国古代卷宗浩繁，规模宏大的文献是文明渊源的充分说明。就以明代文献为例：由皇家所编《永乐大典》汇集文献七八千种 22937 卷，目录 60 卷，分装成 11095 册；佛家的，官、私刻《大藏经》省存 6300 余卷，多者 12600 余卷；道教的《正统道藏》及《万历续道藏》5485 卷等皇皇巨典，不一而足。其他经、史、子、集四部文献，各种典章、各家诗词、文集、各州道府县地方志等，数不胜数，形成了人类文明史的大宗遗产。同时期的欧洲，除了写在羊皮上与《圣经》相关的书册外，没见到多少可称为“文献”的东西。

20 世纪英国著名历史史学家汤因比研究了世界二十六种“文明”的产生，提出了“中华文明救世论”。为什么世界上多种文明都一一消失了，而唯独中华文明能够延续传承至今，这是要研究的。这绝不是偶然的，它能得以延续并且有着顽强的生命力，是在历史的进化中不断吸收和融合的结果。现在的西方文明也同样需要经过历史检验。

二、威斯特伐利亚体系的形成、运行及挑战

今天的所谓国际秩序源于400多年前在德国的威斯特伐利亚召开的一次会议。这次会议反映了交战各国对现实的妥协。它以一个由独立国家组成的体系为基础，各国不干涉彼此的内部事务，并通过大体上的均势遏制争端。它力图通过一整套国际法律和组织结构抑制世界的无序性。这套体系旨在促进自由贸易和稳定的国际金融体系，确立可以接受的解决国际争端的原则，并在一旦爆发战争时对交战行为施加一定的限制。由各国组成的这一体系形成了不同社会国家间交往的一个框架。

威斯特伐利亚体系的签署国是西班牙、神圣罗马帝国、奥地利的哈布斯堡王室和法国、瑞典及神圣罗马帝国内勃兰登堡、萨克林、巴伐利亚等诸侯邦国。今日世界的主要成员均未在签署国之列，有些国家当时甚至还不存在。美国当时还未建国，中国在遥远的东方根本就不知道，伊斯兰世界联盟也未参加。故此威斯特伐利亚的原则体系在今天受到来自四面八方的挑战，无法有效对世界秩序形成影响力，更加速了人们急切地要寻找一种新的对世界秩序稳定、和平的体系追求。

今日世界混乱无序，各国之间却又史无前例地相互依存。大规模杀伤性武器不断升级，冲突不断，恐怖袭击频现，生态环境恶化，以及有可能将冲突推向人类无法控制的灾难和新技术不断扩展，军备竞赛重启，和平的威胁严峻，彼此争执不休的境地。如何将迥然不同的历史和价值观塑造成为一个共同的新秩序，这是我们必须面对的课题。

三、天之道，利而不害；圣人之道，为而不争

东方哲人老子《道德经》五千言讲了“道德”二字，总结一句话就是“天之道，利而不害；圣人之道，为而不争”。道者，天地之祖、万物之宗也。其形也虚，其象也无，其性也自然，天地因之而生，日月因之而行。人物因之而成，不以人之好恶而改也，它是天地万物一切变化中永恒不变的。德者，道之用也，二者一也。

人合于道，则德。物合于道，则序。反之，则为悖为逆。人德物序则天下正，人悖物逆则天下乱，和谐是道德学说的基本法则。

自然和谐，星辰顺序，天清地宁，风调雨顺，万物繁荣。人类和谐，天下太平，社会稳固，刀枪入库，马放南山。国政和谐，上下同心，百官尽职，百工尽技，百业兴隆，百姓乐业。家庭和谐，六亲和睦，夫妇和顺，家道昌盛，乐享天伦。人身和谐，阴阳平衡，百脉畅通，身体健康，心旷神怡，颐养天年。和谐是文明的公理也。

世界秩序的重建应该也必须有一个全球各国家、各民族、各文明、各团体统一公认的公理。以“道德”作为公理来搭建一个由世界各组织、各文明团体、各国政府代表、各界文化、宗教、科学、法学人士参加的对话平台，充分讨论、广泛听取各方面诉求，起草产生一部“世界文明秩序公约宣言”来对人类和平、各国军备、世界贸易、争端仲裁、环境保护、宗教信仰、科技伦理进行规范和约束。这是一个全人类的公约，可以进行充分的讨论协商。一旦签署，这将是一部全人类都公认的行为准则和体系原则，有力推动人类命运的世界秩序重建。

针对塞缪尔·亨廷顿《文明的冲突与世界秩序重建》一书，笔者认为文明不冲突，文明的核心公理是“和谐”，冲突是不同文化间认知不同的冲突，文化认知可以多元化，文明只有一个，就是“和谐”，文明的冲突就不是文明。故文明不冲突。我所期望的是唤醒人们对“文明”定义的重新认识，否则在世界的“文明对话”上永远无法达成一个共识、一个公理。如果对话中

各自文化认识的集团仅强调各自文化认识的诉求，没有一个大家统一的认知公理，那么对话只能是各拉各的琴，各鸣各的调。一场世界各文化认知、多版本诉求乐谱，一定是杂乱无章、噪声混乱的音乐会，这就是当今世界国际秩序。笔者意在探索有一个文明的公理“道德”“和谐”来重建世界秩序。正所谓文明觉醒开万世太平。

文化的基因及哲学认知

在人类发展的历史初期，因受到不同地区的环境影响，形成了最初的文化形态，构成的生产方式、生活习俗、语言种类、衣着、饮食习惯，便作为一种文化基因长期延续下去，而这种文化基因则是不同文化板块形成的条件。地球上自然环境多样，气候条件不同，地形丰富多彩，内陆与沿海、高山与平原、热带与寒带、干旱与湿润、狩猎与捕鱼、耕作与放牧，都构成了以适应不同环境为生存的文化基因。正所谓“靠山吃山、靠水吃水”的生活场景，也因此构成人类多元化的文化形态。

文化基因的属性一旦形成，便决定了其社会结构制度、生活习惯的认识和与之配套的社会秩序体系。对外来文化属性具有排斥性，如同一个病人在输血时，对血型是有选择的。同样，不同文化基因的属性对外来文化入侵具有不同的排斥现象，当然这只是排异反应的大小有所不同，有的表现轻微，有的表现剧烈以至冲突。

文化基因的改变只能通过学习、交流、融合的方式进行，入侵的方式是事与愿违必会适得其反。

文化基因决定了文化的属性，而这一属性则决定了文化板块的基本生活方式、思维观念、社会形态及社会秩序。

文化属性的改变取决于生态环境的影响，是一个不断追求、适应和调整融合的进化过程。随着现代文明的推进，人们的活动范围扩大，信息技术的改进，各文化板块间的文化属性融合得到了空前的活跃。人们可以在彼此交流中审视各自不足、借鉴有益元素，从而得到补充和完善，如中国的改革开放，就是在大量地吸取了世界各文化板块的丰富文化元素来提升和完善自身的结果，从而使自身的文化基因改进完善，一次次地“凤凰涅槃”。

改革开放就是改进完善文化基因的有效途径。

笔者突然想到猫、狗习性的基因与变化。

猫走到哪都会把粪便挖个坑埋起来；狗则不然，走到哪排泄到哪。都是各自的生存习性形成的。猫经常要伏击猎物，要是猎物闻到猫的排泄物就会逃掉，并且这些排泄物的味道还会引来老虎、豹子等强大的天敌。所以野猫总是喜欢埋掉排泄物，减少留下的踪迹；家猫虽然经过人类的驯化，但这生存的基因却完全保留着。

狗出门一路走、一路撒尿，是通过撒尿来留下自己的气味作为标记，以便通过它灵敏度极高的嗅觉来认路，从而找到回家的路。这些都是生存的本能与基因传承，不需要训练，由此可见文化基因的作用。

猫原来是抓老鼠的，现在不抓了，是生存环境变化导致的，猫在现代人家里当成了宠物来养，有足够的猫粮供应。同时，主人家中不仅没有老鼠，就是有老鼠，主人也不愿让猫去抓，抓了老鼠还怎么把猫抱在怀里？所以生存环境和身份一旦转换，生存基因则会随之变异。

一、人类是自然地理环境的产物

人类的进化与自然地理环境密切相关。新近纪晚期是古猿的繁盛时期，同时草原植物开始向森林逼近，夺得了广阔空间。自然条件的变化迫使古猿开始适应新的、较为不利的生活环境。由于自然选择的作用，森林古猿中衍生出一支地栖性的草原古猿，对它们来说，求生存的斗争是大大复杂化了。草原环境的生活促使它们直立行走和利用前肢抓取物体，并不得不以草原动物作为食物（草原灵长类的杂食性）。这样一来，便使得它们身体器官功能改变和发达起来，尤其是脑的发达。

正是由于各自在不同的自然地理环境中生活，草原古猿与森林古猿沿着不同的道路发展。

当地面生活的古猿不仅学会使用工具，而且学会制造工具时，人类就诞生了。人类出现是第四纪的重大事件。当然，最初的人类是原始的，兼有古猿和现代人的特征。爪哇猿人是最古老的、生理结构最原始的人之一，已能用石头制造工具。北京猿人比爪哇猿人进化，他们无疑已经会使用火了。以后人类的发展又经历了古人和新人的阶段，大约在5万年前开始逐渐进化成为现代世界的各式人种。

在第四纪人类的进化过程中，自然地理环境发生了剧烈的节奏性演变，冰期和间冰期、海侵和海退、地壳上升和下降等自然地理过程和现象交替发生。自然界这种节奏变化曾深刻地影响了人类的进化。原始的人类一方面改造着自己的形体和大脑，以适应变化的环境；一方面又不断地扩展到世界各地，以寻求各种适于生存的环境。自然因素加上社会因素的共同作用，人类便产生了体质特征不同的各种人种类型以及不同的地理分布特点。

二、人种形成的自然地理因素

（一）人类的三大种族

人类的种族，即人种，是指在体质形态上具有某些共同遗传特征的人群。不同的人种主要是根据其体质的性状（如肤色、睛色、发色、发型、面部特征、头型、身材等）而区分。

根据上述特征，一般把人类划分为三个基本的种族，即三大人种，它们是尼格罗人种、欧罗巴人种和蒙古人种。

尼格罗人种：基本的体质特征是皮肤呈黑色或深棕色，头发为黑色鬈发或波发，鼻梁宽扁，口宽度大，唇厚而突出，体毛发达程度中等。

欧罗巴人种：基本的体质特征是肤色浅淡，头发为柔软的波发或直发，发色浅，睛色碧蓝或灰褐，鼻狭而高，唇薄，胡须和体毛很发达。

蒙古人种：基本的体质特征是皮肤呈深或浅的黄色，发直而黑，睛色深，两眼角有特别的内眦褶，面部扁平，颧骨突出，鼻宽度和高度中等，唇厚中等，胡须和体毛不发达。

虽然三大人种在外貌上看来彼此明显不同，但是从全人类来看，三大人种彼此借着一系列不明显的，从一个过渡到另一个的中间类型而互相联系着。不同人种的各种体质特征与一定的地理区域相关联，亚洲大陆中部和非洲的东北部是不同种族类型接触的地区，在这里产生出人种的中间类型。如乌拉尔人种、埃塞俄比亚人种等。在同一基本种族内部，也存在次一级的体质特征差别，可分为不同的人种类型。

（二）人种形成的自然地理因素

人类的起源是统一的，在生物学上同属一个物种，有着共同的祖先。然而，人类的各个群体在相当长的一段时期内彼此隔离地生活在不同的自然地理区域之中，人的身上便留下了各自居住环境的烙印。在第四纪，非洲、欧洲和亚洲是全球范围内的三大人类活动中心。对于人类活动来说，这三个地理区域由于存在严重的天然屏障而彼此相对孤立起来。例如，广阔的干旱荒漠带把非洲和欧洲分隔开来，高峻的大高原、大山脉以及遥远的距离使亚洲与欧洲及非洲分开。尽管期间冰川多次进退，人类活动范围多次收张，在一定程度上改变了这些屏障的影响，并引起人类群体的迁徙和混杂，但是三大活动中心从人类形成的早期直至旧石器时代仍然存在，因而有足够时间使人类在地理环境的自然选择作用下不断地演变。

人类的三个基本种族正是在这样一种分化的地理环境中形成的。在若干万年的时间内，生活在不同区域的人群通过遗传和突变产生出一系列人体外部形态变异，这种变异具有明显的适应环境的意义。

人种类型的划分（H.H. 契博克萨罗夫整理）

基本种族	亚种族	人种类型
尼格罗人种	非洲种族	南非人（布须曼人） 中非人（矮人） 苏丹人（尼格罗人） 东非人（埃塞俄比亚人）
	大洋洲种族	安达曼人（尼革利陀人） 美拉尼西亚人 澳大利亚人 千岛人（虾夷人） 锡兰巽他人（维德人）
欧罗巴人种	印度洋种族	南印度人（达罗维茶人） 印度帕米尔人 西亚人
		地中海巴尔干人 大西洋黑海人
	波罗的海种族	东欧人 大西洋波罗的海人 白海波罗的海人
蒙古人种	大陆种族	乌拉尔人 南西伯利亚人 中央亚细亚人 西伯利亚人（贝加尔人）
		东亚人
	太平洋种族	东南亚人 波利尼西亚人
	美洲种族	北美人 中美人 巴塔哥尼亚人

尼格罗人种形成于热带炎热的草原旷野上，那里日辐射强烈，而色素较深的黑色皮肤和浓密的鬈发能对身体和头部起保护作用，宽阔的口裂与外黏膜发达的厚唇以及宽大的鼻腔也有助于冷却吸入的空气。

欧罗巴人种主要形成于欧洲的中部和北部，那里的气候寒冷、云量多而日照弱，因此人体的肤色、发色和睛色都较为浅淡。人的鼻子高耸、鼻道狭长使鼻腔黏膜面积增大，这有利于寒冷空气被吸入肺部时变得温暖。

蒙古人种形成的环境没有非洲的炎热和欧洲的寒冷，故形成较为适中的体质形态特征。典型的蒙古人种具有内眦褶，可能与草原和半沙漠的环境有关。这样的结构能保护眼睛免受风沙尘土的侵袭，并能防止冬雪反光对眼睛的损害。

人类的群体在历史上曾经多次往复迁徙，又经过人种的混杂过程。混杂产生的种族类型，以后又可能长期处于隔离状态，受到新的环境的影响而产生新的类型，其过程是极为复杂的。因而要说明某一种族特征的形成原因，必须追溯它的发展历史。例如，非洲有些黑人现在住在密林的树荫下面，阳光照射不多，但皮肤仍是很黑，其原因可能是其祖先历代居住在旷野草原，在近代才搬进森林。又如拉丁美洲在赤道附近居住的人群肤色并不很黑，也可能是不久前才迁居来的。

自然条件在人种分化的早期阶段起着某种选择作用，这是不可否认的。但人类与动物有着本质的不同，人类形成了社会，有生产劳动和创造文化的能力。物质生产随着生产力的发展，在改变着人类的生存条件，渐渐地人类通过劳动使环境适合自己的需要，而不是改造自己的器官来适应环境。因而，自然地理环境对人种形成的作用随着社会生产力的发展而减弱，人类的种族特征越来越失去其适应生活的意义，只是在现代人类中还以其残余形式繁衍着。

由此可见，人类种族的差别仅限于若干外部的体质特征，而且其形成年代也属于一定的历史范畴。在人类的发展史上，各人种尽管生活的地理环境不同，但都走着大体相同的历史发展道路，对人类的文明均有自己的贡献。

无论从生理的还是社会的特点来看，各个种族之间的共同点都是本质的和大量的，而差异则是次要的和少量的。因此，种族没有优劣之分，任何种族都可以创造出灿烂的民族文化。在历史上，中国、印度、埃及、巴比伦、秘鲁、墨西哥和希腊的文化都达到了当时的高度水平，而这些文化是由不同的种族和民族创造的。文化进步与落后，决定于经济、生产关系和其他社会发展先决条件。在生产发展达到同样水平的人们，其文化发展上也处于相同的阶段。个别部落和民族的文化之所以落后，绝不是他们生物属性低劣的结果，而是历史发展的客观条件造成的。在我国，由于贯彻正确的民族政策，使许多过去落后的民族在不到 50 年的时间已上升到当代的文化阶段。由此可见，人类学和历史学都雄辩地证明：所有人种均具有同等的价值，都能达到同样的进步水平，他们的进步程度仅仅决定于其所在社会的发展阶段。

无论是世界还是我国的人口分布状况，都是在人类改造自然、发展生产、繁衍后代的过程中逐渐形成的。在这一历史过程中，自然、社会、技术和经济等多种因素共同作用，它们影响着人口的自然增殖和人口迁移，从而造成了现存的人口分布状况。

在古代社会，生产力水平还很低下，人类的生活和人口的分布受着自然环境的极大制约。到了现代，人类虽已在相当程度上按照自己的意志利用和改造自然，抵御那些危及自己生存的自然压力，但并不意味着人类可以完全脱离自然的制约。人作为社会的人，有控制和驾驭自然的一定力量；而人作为生物学的人，还有服从自然规律的自然本质。自然环境和自然资源是人类生活和生产的物质基础。自然地理环境的地区差异、自然条件的优劣以及自然资源的多寡等自然因素必然要影响各地区的经济发展，进而影响人口的分布。在气候适宜、水源可靠、土地平坦肥沃的地方，人类就易于发展。故在温带地区（除干旱内陆和高寒山区外）人口都十分稠密。在那些自然条件较差的地区，人们纵然能够适应下来，也不可能有高的劳动生产率，人口也是难以增殖的。在地球上确有一些民族长期生存于极端恶劣的自然环境下，如美洲北部的因纽特人，他们过着独特的适应严寒和漫长极夜的生活方式，但在恶劣的自然环境中，农业根本不能发展，人们在营养上也受到很大限制，出生率很低，人口数长期停滞不前。

自然资源的开发，对人口分布的影响也是十分明显的。某些地区矿产资源的开发往往成为影响人口分布的决定性因素。国外在18—19世纪由于出现淘金热而吸引了大量移民就是例子。当时巴西的米纳斯州，美国的科罗拉多州、加利福尼亚州和阿拉斯加州，澳大利亚的维多利亚州以及南非的德兰士瓦省，每一次淘金热都曾吸引大量的移民。我国经济建设实践也表明，许多在过去荒无人烟的地方，一旦其自然资源得以大规模开发，便可吸引千千万万的劳动大军，建设起一座又一座工业新城。

自然地理环境对人口分布的影响毕竟只是一个方面，而人口的空间分布主要还是通过社会经济因素的作用来实现的。因此，人们的物质生产方式（具体说主要指工农业和交通运输业）的发展水平及其生产布局特点才是影响人口分布的决定性因素。

三、人类社会发展受自然地理因素影响

人类社会的发展不可能脱离周围自然界而孤立地进行。马克思主义关于社会发展的学说强调生产力在人类社会发展中的决定作用，但并不否认自然地理环境对社会发展的影响。恰恰相反，认为它是社会发展的经常必要的条件之一，起着加速或延缓社会发展进程的作用。

在社会发展的早期阶段，当人类生产力还是十分原始的时候，自然地理环境对社会发展的影响表现得特别强烈。人类早期的社会大分工，便是以自然为基础的。在那些水草丰足适于放牧的地区，逐渐出现了专门从事畜牧业的部落；而在那些土地肥沃宜于垦殖的地区，逐渐出现了专门从事农业的部落。这就是人类历史上第一次社会大分工。社会的分工，促进了生产力的发展。在原始社会生产发展过程中，它是一个重要的里程碑。构成这种社会劳动分工的自然基础，正是自然地理环境的地域差异性。

地表自然界的千差万别、自然资源分布的不平衡，造成了生产条件的差别。这种差别，对人类社会的发展不可能不产生某种程度的有利或不利的影响。一般说来，优越的自然环境有助于加快社会发展的进程，恶劣的自然环境则阻碍着社会的发展。亚非的一些大河流域气候温和、土壤肥沃、水源充足，有利于人类定居和耕作，甚至在较低的生产力水平条件下也可以出现剩余产品。历史上这样的大河流域往往形成古代文明的中心：在北非有尼罗河流域的埃及，在西亚有两河流域的巴比伦，在南亚有印度河流域的印度，在东亚有黄河流域的中国。它们早在公元前 3000 多年至公元前 2000 多年就脱离了原始社会，建立起奴隶制国家。世界发展到今天，社会的历程普遍已进入资本主义或社会主义阶段。然而，令人惊讶的是，在文明世界的侧旁却残遗着许多原始社会的部落。在南美的亚马孙雨林中，在非洲的丛林里，在太平洋的岛屿上，都居住着至今仍维持着石器时代生活的原始人群。1971 年，在菲律宾棉兰老岛南部的原始森林里，发现有世代居住在山洞中的塔萨代人。他们使用石斧、木棒、竹刀等工具，过着采集和渔猎的生活，男女各尽所能，平均分配食物。其社会组织和生产力水平都处于石器时代。由此可知，当代的原始居民大都分布在热带区域的孤立环境中，高山、密林、海洋等自然屏障限制了他们与外部社会的沟通，又由于当地的自然条件能满足其原始生活所需，因此抑制了这些原始部落发展生产的要求。社会的发展被自然因素所延缓了。

应该指出，我们在探讨自然地理环境对社会发展的作用时，不能把这一命题与自然条件对生产力分布的作用混为一谈。前者着眼于社会发展的历史长河，后者针对着社会生产的具体布局。经济地理学的研究表明，自然条件对于地区经济差异和地区生产布局每每起着决定性的作用。

还应指出，自然地理环境对人类社会发展的影响，还因生产力发展的不同历史阶段而有所不同。例如大河、大海和大洋在社会发展的早期阶段是不可逾越的障碍因素，而随着人类科学技术的进步，渐渐地却转变为积极因素。因为造船和航海技术的发展使它们成为沟通世界各地经济联系的重要枢纽。再如，从前树木主要被用作薪材、建材和细工用材，后来则成为造纸工业的原料，还被用于生产人造纤维等产品。在过去很长的时间内，石油一直没被生产利用，但现在已作为极其重要的能源和化工原料被广泛使用。

总之，自然地理环境对社会发展起着促进或阻延的作用。这种作用，在社会发展的早期尤为深刻。随着生产力不断提高和自然资源不断开发，社会与其周围自然界的联系便日益加深，而同时人类对于自然界的影响也日益加强。这样，文化便在地理区域特色下创造出来了。

拿什么区分最初的人与动物呢？人类告诉我们：是文化。当 20 世纪初在非洲发现距今 300 万年的南方古猿时，由于当时尚未发现石器文化，这些南方古猿究竟是猿还是人，人们曾经打了 50 年的笔墨“官司”。直到 20 世纪 70 年代发现了大批石器文化之后，这场官司才算了结。结论是：他们是进化中的人，是正在形成的人，是能够进行创造性劳动、制造工具的人或直立人，而不仅仅是猿。人和猿的最初区分就在于这种创造性劳动的出现，在于这种创造性劳动所制造出来的文化——石器工具，因为没有一只猿曾经制造过哪怕是最粗笨的石刀。虽然猿类如黑猩猩也有观察或模仿的本领，也能用树枝插入蜂房取蜜，或者轻轻摇动树枝吸引同类，但这都是它们在特定生态环境中一代代积累遗传下来的本领，并不能上升为文化行为。因而它们不具有文化的本质。但人类创造了文化之后，哪怕是最简单的石器文化，也使他们和动物区分了开来。南方古猿的石器文化表明，人和文化是同时出现的，人类创造了文化，同时也就逐渐形成了人的本质及其特征，从此就进入人的范畴。

当人类还没有文化的时候，作为猿是整个自然界生物群落的一种，它本身及生存活动都是属于自然界的，是自然界的一部分。可是当人类创造了文化的时候，他不仅把对象世界（自然界）变成了有意义的存在物，而且通过创造性劳动使自然界表现为他的作品和他的现实。这些作品和现实就是文化环境，它作为“第二自然界”就把人从自然界的生物群落中分化了出来，也就改变了人仅仅作为动物的属性，从此逐渐变成了文化的人，具有了人的本质属性，最后成为宇宙的精华、万物的灵长、智慧的人类。

人所以能够创造文化，所以能与动物区分开来，所以能从自然生态群落中分离出来，也在于人创造了文化，不管是正在形成的人，还是智人、直立人，都是较高等动物，也比猿类如黑猩猩，发展出了更高的灵性，发展出了与动物不同的先天道德本性和先天知性思维能力。没有这一点，人也不能创造文化，不能与动物区分开来，尽管这种灵性、这种道德本性和知性能力是长期进化的结果，但若要否定它的存在，讲人的本质及文化创造，也缺乏了内在根据。

人之所以成为人，不仅在于他创造了一个文化环境，创造了一个“第二自然界”，更主要的还在于他从文化环境中、从“第二自然界”获得区别于动物的文化心理结构，获得了一个更高于动物的良知明觉或灵明之心。

人类不但制造、积累、发展外在世界的物质文明，从原始石器、陶器到今天的航天飞机，而且同时也在不断创造、积累、发展内在世界的精神文明，表现为人的精神、心灵本身的结构状态。

正是由于人创造了文化，创造了文化环境，才改变了人的纯粹动物性心理机制，发展出人的心理机制，发展出人的良知明觉与灵明之心，有了虚灵不昧的文化心理结构，才产生了动物本能所没有的意志和意识。正是在这个意义上，人的有意识的生命活动才同动物的生命活动直接区别开来。

那么，人的心理是怎样由生物性结构发展成文化结构的呢？或者说是什么灵丹妙药改变了这种心理生物机制的自然秩序，使它变为文化心理结构，变为虚灵不昧之心性存在的呢？德国人类文化哲学家恩斯特·卡西尔在《符号形式的哲学》中从人类符号系统的出现及作用给予解释。他所说的符号系统，就是人类的文化。他认为，任何生命体都有一套感受器系统，即察觉之网，和一套效应器系统，即作用之网。但是文化的出现，使人获得了第三个环节——符号系统。“这个新的获得物改变了整个的人类生活。与其他动物相比，人不仅生活在更为宽广的实在之维中，而且可以说，他还生活在新的实在之维中。”这个“新的实在之维”，卡西尔称之为“符号宇宙”。而“语言、神话、艺术和宗教则是这个符号宇宙的各个部分，它们是组织成符号之网的不同丝线，是人类经验的交织之网。人类在思想和经验之中取得的一切进步都使这符号之网更为精巧和牢固”。由于有了符号之网，人就不再直接地面对世界了，而是凭着符号活动能力，以此为媒介来认识世界，从而形成人的语言哲学、神话哲学、艺术哲学、宗教哲学……一句话，形成人的文化哲学，形成人的文化心理结构。卡西尔认为：“符号思维和符号活动是人类生活中最富有代表性的特征。”符号的创造及其自觉性是一切人类活动的核心所在，是人的最高力量，同时也标志着我们人类世界与自然界的天然分界线。

文化作为人类自我实现的手段所创造的各种特质，并不仅仅是符号，还是有非凡意义、有价值并对人们实现有积极功能的特殊形式的质料。如果忽视文化的质料——内容、意义、价值等，而仅仅把它看成是形式或符号，那么，文化也就成了纯粹物理存在形式了，这样，它也就不能对人的实现起意义或意识的作用了。这样说是不是意味着不管或者抛弃文化存在的形式呢？自然不是。任何文化的存在或者说作为一种特质被创造出来，它都有一定的形式，如工具的形状、房屋的构造、衣服的样式、社会交往和社会组织的独特形式。在精神文化中，不仅各种各样的精神文化产品，如文艺作品、绘画、音乐等皆具有独特的形式，即使像伦理、道德、宗教信仰等社会意识，也是社会存在的独特思维形式。正是由于文化具有一定的形式，当它构成人们的生活环境并作用于人的感官系统时，才能被感受、被思维、被抽象、被综合，才能形成人的观念、理念、概念、蓝图等。但这不仅仅是文化形式或符号的作用，而是由于它的质料（内容、意义、价值）与特殊形式相结合，构成的现实文化世界对于人的感官系统的作用。离开文化的质料，只讲它的形式，那仍然不过是一个物理性世界，它对人的心理机制的作用，也仍不过是物理性世界对物理性世界而已。这就像动物的心理机制与自然界的关系一样，是不能构建起人的文化心理结构的。文化作为价值思维肯定形式，是人类通过创造性劳动实现自己的目的而使自然界发生特殊变化的形式，它一开始就打上了人的意志的印记，这正是人区别于动物的行为。所以，文化并不是一般的符号或形式存在，而是人对外部世界各种事物的特殊价值思维肯定形式。文化创造不仅包含着人的需要、目的、意义、价值，而且它也是对人的心理机制能够发生意义或意识的特殊世界。正是文化存在的这种特殊价值和功能，才能在人的心理机制上发生意义或意识，才能发展人们灵明之心，才能使此心成为良知明觉的存在，也才能构建人的文化心理结构及产生种种的价值观念。

人创造了文化，文化帮助人完成了自己本质的实现，在这个过程中人一刻也没离开过文化。人类作为猿群从赤手空拳地生活在地球上到创造出第一根木棍、第一个石器文化，经过了一两千万年的进化，他们是怎样在饥寒交迫中忍受过来的，我们无法想象。但是，自从人类创造了文化之后，就为自己从自然界通向人类社会架起了一座文化桥梁。这座文化桥梁没有把他们超度到天国去，而是一步步地把他们从动物世界的群落中超度到了人的世界。最初的、从动物界分化出来的人，在一切方面都是和动物一样不自由的，但是文化上的每一进步，都是迈向自由的一步。最初，简单粗糙的文化所架设的桥梁是歪歪斜斜、又狭又窄的，他们颤颤巍巍地沿着这条桥梁攀登前进；后来，他们不断地在攀登前进中总结经验，进行创造性劳动，用越来越复杂的文化把这座桥梁铺宽、加大，这就大大改变了自己实现的条件，也加快了人的本质实现的速度。摩尔根说，人类发展的“每一个阶段都包括一种不同的文化，并代表一种特定的生活方式”。我们还可以说，这不同的文化和特定的生活方式，还标志着每一个阶段上人的实现中的本质和特征。人类在蒙昧社会中先是用木棒、石器显示自己与动物不同的本质与特征；接着是用火，特别是弓箭的发明和使用显示自己特殊的智力和本领；后来，人类学会了制陶术以及驯养、繁殖动物和种植植物，这就高傲地把动植物置于自己的管理之下而成为万物的灵长；从蛮荒时代的高级阶段，人类学会了铁器的制造以及由此而来的火器的应用和文字的发明，则把自己推向了一个文明的时代，从而显示了自己作为人的才能和本领。人的文化创造越丰富多样，就使人离开动物越远，越对自然界有支配作用，也就越对自然界的作用带有经过思考的、有计划的、向着一定的和事先知道的目标前进的特征。

因此，不同的多样性文化形态均属人类文明基因的精神和物质财富，是人类社会文明基因组的组成部分。

文化与文明

万瓦尔·赫拉利的《人类简史》把现代人类定为智人，人性基本还是高级动物属性。定为智人，是掌握了一定文化知识的人类，距真正的文明还很远很远。而文明则是遵守社会伦理、社会秩序，尤其是敬畏自然、敬畏生灵的大爱之心。

文化是人类力量的源泉，而文明是社会和谐的自觉。文化可以多元，而文明则需共识。文明展示的是“和谐”，文明不冲突，文明更不应该冲突，塞缪尔·亨廷顿在《文明的冲突与世界秩序的重建》一书中提出：“正在出现的全球政治主要和最危险的方面将是不同文明集团之间的冲突，引起了人们的各种反应，包括新奇、义愤、恐惧和困惑。它已触动了各个文明中的人们的神经。”笔者认为，是不同文化认知集团之间的冲突，它触动的是各个不同文化认知集团利益的神经。世界文明不冲突，当前的冲突是各文化板块认知和利益分配的冲突。

塞缪尔·亨廷顿在书中表述：文明的概念，普世文明的问题；权力和文化之间的关系；文明之间均势的转移；非西方社会的文化本土化；文明的政治结构等导致的冲突，均属文化差异所致。正如在某一领域有专长的文化人，未必就是一个文明人，因为文明还有它的标准。

拿什么区分最初的人与动物。人类史告诉我们：是文化。人之所以成为人，其本质实现及全部的发展，都是通过文化的创造和积累而达到的。也就是通过文化使人的能力增强，人在创造文化的同时把自然界变成了更有意义的存在物，并不断创造出“第二自然界”，即人文景观，从而把人从自然界的生物群落中逐渐分化出来。所以文化是人作为改变动物属性的本质属性。在不同区域、环境下形成的文化属性都带有明显的区域文化特征和差异，在各文化板块断层线上摩擦交融，冲突是诱发战争的原动力。

塞缪尔·亨廷顿在《文明的冲突与世界秩序的重建》一书中讲道：“在这个新的世界里，最普遍的重要的和危险的冲突不是社会阶段之间，富人和穷人之间，或其他以经济来划分的集团之间的冲突，而是属于不同文化实体的人民之间的冲突。”雅克·德洛尔认为：“未来的冲突将由文化因素而不是经济或意识形态所引起。”

文化的差异可以共存，而文明的共识则需统一。在不同区域不同历史生活条件下形成的文化习惯也不同，如吃饭，东方人用筷子，而西方人用刀叉；穿衣，东方人喜唐装，西方人为西装；饮品，东方人爱喝茶，而西方人却喝咖啡；看病，东方为中医、草药，西方人是西医、药片。中西文化差异不仅可以共存，而且可以丰富彼此并相互借鉴。

文化的差异性是人类文明重要的精神财富，如果说“文明的冲突是对世界和平的最大威胁”，这里显然出现了概念的混淆和逻辑的错误。笔者定定“文明不冲突”，认为“文明是和谐 ，冲突就不和谐，就不是文明”。冲突是不同文化认知的冲突，文化认知可以有差异，文明必须和谐，文明只有一个公理，就是“和谐”，文化可以有差异乃至融合，冲突的文明就不是文明，故文明不冲突。

当我们把“文化”和“文明”这两个概念区分开时，“文明的对话”便找到了一个共同点——“和谐”，世界秩序的重建也找到了一个共同的目标焦点“和谐”。各种文化差异可以保留，而大家去共同追求一个共同点“和谐”。“和谐”即道德。道者，天地之祖、万物之宗也。其形也虚，其象也无，其性也自然，天地因之而生，日月因之而行。人物因之而成，不以人之好恶而改也，它是天地万物一切变化中永恒不变的。德者，道之用也，二者一也。人合于道，则德。物合于道，则序。反之，则为悖为逆。人德物序则天下正，人悖物逆则天下乱。而和谐是道德的基本法则。自然和谐，星辰顺序，天清地宁，风调雨顺，万物繁荣，人类和谐；天下太平，社会稳固，刀枪入库，马放南山。

国政和谐：上下同心，百官尽职，百工尽技，百业兴隆，百姓乐业。

家庭和谐：六亲和睦，夫妇和顺，家道昌盛，乐享天伦。

人身和谐：阴阳平衡，百脉畅通，身体健康，心旷神怡，颐养天年。

而当今世界，天下纷乱，莫过于争了“私欲”而忘了“和谐”。庶民争利，大夫争权，诸国争地，一个“争”字，天下焉能不乱。世界秩序的重建，我们找出“和谐”这一公理，和谐和睦相处共建之，天下安能乱矣。

西方逻辑与东方辩证

一、东方体系与西方体系的哲学观

文明世界两端的传统所具有的最明显差异是对待逻辑的方式。对于西方人而言，逻辑始终是文明的中心，这条线从古至今都没有断过。

——安古斯·格雷厄姆（Angus Graham），哲学家

很明显，因为中国人的思维极其理性，以至他们拒绝理性主义……并且不愿将形式从内容中剥离出来。

——刘述先，哲学家

争辩逻辑一致性的问题……可能不仅让人愤怒，这更是一种不成熟的表现。

——长岛信弘，人类学家

从柏拉图之前的时代到现在，中国人走了一条辩证逻辑发展的路径。在亚里士多德发明形式逻辑之时，中国哲学家墨子和其追随者大致触摸到一点儿逻辑的门路，但他们始终没有发展出形式逻辑的完整体系。在墨子的思想蜻蜓点水般触及逻辑之后，东方的形式逻辑线索就此断裂。（墨子还在不经意间对成本－收益分析的方法做了系统性研究，这要比西方人正式探讨这个主题早了许多世纪。）

那么，在缺乏逻辑传统的情况下，中国人是怎样成功地在数学领域取得重大进展，并领先西方人很久而发明出成百上千的重要东西呢？

我们不得不承认，一种文明在没有特别关注过形式逻辑的境况下，也能取得重大的突破。这种情况不仅适用于中国，也适用于其他扎根于儒家传统的东亚文明。

与逻辑思维不同，中国人发展出了自己的一套思想体系，即辩证推理。这种辩证思维方式在很多方面都与形式逻辑相悖。

二、西方逻辑与东方辩证

亚里士多德将逻辑思维的基础确立在下述 3 个定律之上：

1. 同一律：A=A ：无论是什么，它就是它。A 是它本身，而不是其他什么事物。

2. 无矛盾律：A 和非 A 不可能同时发生。没有什么事物同时既是它又不是它。一个命题和它的相反面不可能同时为真。

3. 排中律：任何事物一定要么是，要么不是。A 或者非 A 为真，但两者之间不存在其他情况。

现代西方人接受这些定律，而在中国传统文化中老子《道德经》中讲："道生一，一生二，二生三，三生万物。万物负阴而抱阳，冲气以为和。"显然同西方的逻辑属两个体系。东方思维的基础是辩证法。

正如心理学家彭凯平所言，三个原则构成了东方的辩证法。请注意，这里笔者没有使用"定律"。彭凯平曾严肃地指出，"定律"这个用语更像是针对世界的一种普遍而正式的立场，而不是一套铁定的规则。

1. 变化论：现实是处于变化过程中的。

现在正确的东西可能很快就会变成错误的。所谓：祸兮，福所倚；福兮，祸所伏。

2. 矛盾论：矛盾是动态存在于变化中的。

因为变化是不断的，所以矛盾也是不断的。

3. 关系论（或整体论）：整体大于部分叠加之和。

各部分只有在整体关系中时才有其意义。

这些原则是紧密联系在一起的。变化制造矛盾，矛盾催生变化。持久的变化和矛盾暗示着，抛开与其他部分的关系和世界先前状态的联系去讨论单独的部分是没有意义的。

这些原则还暗示了东方思维中的另一个重要原则，即坚持发现极端状态之间的“中间道路”。有一种很强的预设是，矛盾通常是明显的，而人们倾向于去相信“a 是正确的，但非 a 并不是错误的”。这种观点在禅宗中也有迹可循，即“一个伟大真理的反面也是真的”。

对许多西方人而言，这些道理可能看上去很有道理，甚至很熟悉。而苏格拉底对话就常被称为是辩证的，它们在很多层面上有相似性。这是一次交换不同观点的对话，目的是更贴近于事实真相。犹太人从希腊人那里借鉴了这种辩证思维的框架，犹太学者在过去的 2000 年中对它进行了发展。18—19 世纪的西方哲学家，如黑格尔和马克思，对辩证传统作出了极大贡献。自 20 世纪晚期开始，辩证推理成为认知心理学家进行严肃研究的一项课题——无论东西方皆是如此。

东方的辩证思想反映出了道家思想对其的深刻影响。对于一个东方人而言，道家思想博大精深，但本质上它是抓住了变化的概念。“阴”与“阳”相对。实际上，阴和阳是因为彼此存在才会存在，当一个事物处于阴的状态时，那么就会有明显的标志表明阳的状态即将出现。道是指“道路或方法”（way）存在于自然和人性之中。

三、道的标志

《老子》中有言：“祸兮，福之所倚；福兮，祸之所伏。”“最真实的阳是处于阴之中的阳。”这种阴阳观表达了存在于两股相互对立又相互渗透的力量之间的关系，它们能成就彼此，让对方更易被理解，或是一方为另一方变化成对方创造条件。

熟悉东方的辩证法可以更容易理解东西方思想中有关“变化”的不同假说。李君基（音译）认为对于各种类型的潮流，例如世界肺结核病发病率、发展中国家的国内生产总值增长、美国儿童的孤独症患病率等，西方人倾向于认为这些潮流将朝着它们目前的发展方向继续发展，而东方人则更愿意认为这些潮流将趋于平稳，或者会朝相反方向发展。

辩证的传统部分解释了为什么东亚人更关注情境。如果事物处于永恒变化当中，那么你最好关注围绕一件特定的事情的环境因素。所有因素都会影响正在发生的事情，从而引起变化和矛盾。

逻辑传统和辩证传统使得人们对于矛盾命题和论断的反应截然不同。如果你向人们展示了两个指向相反方向的命题——它们几乎是直接互相矛盾的，西方人和东方人在回应时有所不同。曾有一项针对密歇根大学和北京大学学生而进行的科学对比实验。例如，一些学生读到：大量的发展中国家的燃料使用情况表明环境问题迅速恶化，这其中包括导致全球变暖；一位气象学家对世界范围内的 24 个独立地点进行了温度研究，发现事实上在最近 5 年内气温有一定程度的下降。另一些学生则只读到其中的一个命题。之后，所有学生都被询问他们对这些命题的合理性的看法。

对于密歇根的学生而言，当他们看到一个更不可信的命题与某个命题矛盾时，更倾向于相信这个特定命题，例如第一个命题。而当他们仅仅看到这个自身更可信的命题时，他们就会觉得这个命题更可信，例如第二个命题。这种回应在逻辑上并不统一。一个命题不可能在当它与另一个命题矛盾时比不矛盾时更可信。产生这样的错误可能是因为，西方人解决矛盾的方法是决定哪一个命题正确。在这个选择过程中，他们关注所有可以让那个更可信的命题胜出的原因。确认偏误在这里起到了作用。这样一来，这些更合理的命题就得到了加强，超出了它本身所具有的合理性。而如果人们在选择过程中并没有将它和一个看似矛盾且合理性更弱的命题对比，那么这种偏误更明显。

中国学生的反应则差异更明显。他们会对一个合理性较弱的命题给予更多信任，当他们看到它矛盾的时候。这同样是逻辑不一致的，但是他们坚持的是在这两个相互矛盾的论述中，每一个论述都会有一些真实的地方。一旦那个合理性更低的命题获得了某种形式的支持，那么它就会显得更有道理。我们可能会说东方人有时候会表现出反确认偏误。

因此，西方思维会发生谬误是因为，人们会很快消除表面的矛盾，并接受两个命题都存在一定正确方面的可能性。东方思维会发生谬误则是因为，人们会为了支持一个较弱的命题而寻找它与一个矛盾但强有力的命题的不同点，这样人们便能发现一个出现矛盾的较弱的命题可以更具合理性。

在西方逻辑思维和东方辩证思维下形成最明显的结果是中西医的两种系统，西医认为人身体哪里出了问题就治哪里，而中医则认为这里的问题是其他地方的病症引起的。

逻辑和辩证思维体系都能从彼此那里学到不少东西，各自都能从对方发生错误的地方借鉴到经验。

四、逻辑与道

时至今日，东方人对于逻辑的接受度仍有待提高，甚至一些在最好的亚洲大学里学习的年轻人，其在思维方式上仍不是很有“逻辑”。

我们思考下述 3 个论断，并判断哪一个是逻辑有效的？

论断 1

前提 1：没有警犬是年老的。

前提 2：一些经过高度训练的狗是年老的。

结论：一些经过高度训练的狗是警犬。

论断 2

前提 1：所有用植物制成的东西都有益于身体健康。

前提 2：香烟是用植物制成的。

结论：香烟对身体健康有益。

论断 3

前提 1：非 A 为 B。

前提 2：一些 C 为 B。

结论：一些 C 为非 A。

论断 1 是有实际意义的，并且有一个合理的结论。论断 2 有实际意义，但结论不合理。论断 3 太抽象了，以致它和现实世界没有一点儿联系。尽管其结论是合理的，但论断 1 仍是无效的。尽管论断 2 是不合理的，但它是有效的。没有实际意义的论断 3 自然是无效的。（试着画一下这些论断的文氏图，看看是否能帮助你判断它们的有效性。）

心理学家阿兰·洛伦萨杨、金范俊和他们的同事尝试研究亚洲人和西方人在研究上述问题中是否存在差异。他们向韩国和美国的大学生展示了有效或无效的论断，以及合理或不合理的结论。研究者让学生评价每一个论断中的结论是否是符合逻辑地从前提中推出的。这里一共存在 4 种不同类型的三段论，从最简单的结构到最复杂的都有。

韩国和美国大学生都更倾向于认为有合理结论的三段论是有效的，而不管它们是否真的如此。但是，韩国学生比美国学生更容易受到结论的合理性的影响。这是因为在进行逻辑推演方面，韩国学生的能力不如美国学生。这两组学生在面对纯粹抽象的三段论时所犯的错误同样多。这是因为美国人的习惯是将逻辑原则应用于日常事件，这一点比韩国人更明显，因此，美国人更会忽略结论的合理性。

东亚的大学生还容易在基于“某个类别中的成员其典型程度有多高”的三段论上犯错误。例如，研究者告诉学生，所有鸟类都有某种特征（随便编一个，如“有网膜”）。接下来，他们问学生，老鹰有这种特征的可信性有多高，而企鹅有这种特征的可信性有多高。这两种结论当然是同样有效的。美国学生较之韩国学生，更少会受到典型性的影响。例如，韩国学生在“所有鸟类都有某一特征，因而企鹅有此特征”这一点上就不如美国学生确定。

最后，东亚学生在面对命题逻辑时比美国学生存在更多问题。他们更易受到自身欲望的影响。如果他们希望一个特定的结论为真，那么他们就更容易错误地判断这个结论是从某个前提推出的。这是一种人们期望去犯的错误。这表明了逻辑的实用性——将意义从具体命题中抽离并转换成抽象形式，这帮助西方人避免了在判断时受到不良影响。

五、情境、矛盾和因果关系

西方人习惯聚焦于事件中的核心事物（或一个人）来进行思考。他们会辨认出一个事物的特征，将其分在一个类别当中，并对这一类别的事物套用一些规则。这种潜在的目的通常会让他们建立起一种因果关系模型，以方便他们借此达到自己的目标。

东方人的方法则是更广泛地关注处于情境当中的事物，关注事物间的关系，以及事物和情境的关系。

人们对这个世界理解程度的不同产生了迥异的历史分析方法。日本的历史老师会从细致阐述历史事件发生的背景开始，随后展开重要事件的时间线索，再把每一个事件置于那条线索之上。老师鼓励学生想象历史人物的思想和情感状态，方法是类比那些历史人物所处的情境与他们在今天所处的日常情境。接着，学生会以自身的情感体验来解释历史人物的行动。如果学生在理解历史人物时表现出了同理心，那么老师就会认为他们拥有良好的历史感。“怎么样”的问题经常会被问到，其出现频率是美国课堂的两倍。

美国老师花较少的时间在展示历史情境上。他们会从结果开始，而不是从最初的事件或导火索开始。在讲述过程中，时间线索被淡化甚至被破坏掉。老师会强调事件影响因素的顺序，而那些原因会被格外重视。（“奥斯曼帝国解体有三个重要原因。”）如果学生能够为他们的因果模型找到合理的支持证据，那么老师会认为他们在推演历史进程方面的能力很好。“为什么”的问题在美国课堂上被提出的频率是日本课堂上的两倍。

这两种方法都是有用的，并且是互补的。然而实际上，东亚历史分析对西方人而言即是错误的。基本上，对于东方那种整体论式的思想分析风格，西方人并不赞赏，更多的是拒绝。令人惊讶的是，一些在美国生活的日本商人的孩子有时会在美国学校里被迫降级，这是因为老师认为他们缺乏分析能力。

不同类型的思维会产生不同的哲学，或者是世界观。这种思维结构上的不同会产生对探索事物规律的不同思考。因为古代中国人关注情境因素，所以他们在许多古希腊人犯了错误的问题上得到了正解。

古代中国人关注情境，这让他们意识到在遥远的地方之外也可能发生一些事，让中国人正确理解了声学和磁学方面的问题，同时也正确理解了伽利略百思不得其解的潮汐的真正原因，即月亮会牵引潮涨潮落。

亚里士多德在解释物体落入水中后会下沉的原因时认为，它们具有重力。然而并非所有物体落水后都会下沉，有一些会浮在水面上。亚里士多德解释这些物体有轻质特性。当然，并不存在什么轻质的特性，而重力是物体间的一种关系，并不是某个单一物体的特性。

爱因斯坦不得不在他有关宇宙本质的理论中加入欺骗因子，即宇宙常数，以此来解释他所坚信的宇宙的稳定状态。当然，从亚里士多德的时代起，宇宙便不像他以为的那样会一直保持稳定状态。然而，作为一个浸淫在古希腊宇宙稳定假说背景中的西方人，爱因斯坦直觉上认为宇宙应当是恒久稳定的，因此他借用宇宙常数来巩固这个假说。

物理学家尼尔斯·玻尔对于东方思维有深刻的理解，中国的辩证推理思维对他影响颇深。他将自己在量子理论上的进展部分归功于东方哲学。在西方，还有存在了几个世纪的一个争论，即光是否包含了粒子或波。相信其中一种假说就不会肯定另一种，它们是矛盾的。玻尔的解决方法是，认为光可以同时有两种存在方式。在量子理论中，光可以通过粒子或者波的形式来观测，只是两者不能同时出现。

不过，虽然中国人在很多西方人弄错的事情上找到了正确答案，但他们永远无法证明自己的理论正确。这需要科学，而西方人已经在科学领域中发展了 2600 年。科学，从本质上来说，是一种分类之法，再加上实证规则，并遵循逻辑原则。中国人理解了西方人不明白的遥远作用力的概念，而西方人用科学方法证明了这一点的正确性。科学家本想用实验证明这种遥远距离之外的作用力不存在，结果他们惊讶地发现它的确存在。

六、稳定与变化

东西方在关于变化的理解上存在深刻的差异。古希腊人确信宇宙和处于其中的物体都是一成不变的。

赫拉克利特和其他一些公元前 6 世纪的哲学家认为世界是变化的。(“一个人不能两次踏进同一条河流，因为人会变而河流也不同了。”）然而，到了公元前 5 世纪，变化的观点不时兴了，人们开始相信稳定的观点。赫拉克利特的观点变得荒谬。巴门尼德只用了几个很简单的步骤，就“证明”了变化是不可能的：去谈论一个不存在的事物是一种矛盾。不存在的东西是自相矛盾的，因此它不可能存在。如果不存在的东西是不存在的，那么就没有什么是变化的，因为如果事物 1 变成事物 2，那么事物 1 就将不存在。

巴门尼德的学生芝诺向许多古希腊人证明了运动是不存在的。一个例证便是他提出的著名的“飞矢不动”悖论。

1. 当一支箭在某一个地方时，它是静止的。

2. 当这支箭在飞行当中的每一个时刻，它都是在某一个地方的。

3. 因此，在它飞行的每一刻，箭都是静止的。

4. 因为箭总是静止的，我们看到的运动（变化）是不存在的。

芝诺的另一个证据是阿基里斯悖论。如果阿基里斯想追上他前面的一个较慢的奔跑者——一只乌龟，他必须跑到乌龟此刻所处的位置。但是当阿基里斯到达那里时，乌龟已向前移动了。因此，阿基里斯永远也追不上乌龟。因为速度快的奔跑者永远也追不上速度慢的，我们可以推出运动永远不会发生。

正如传播学理论学家罗伯特·洛根所言，古希腊人是被困在他们固执的线性逻辑里了。

希腊人对于不会改变的或是高度稳定的世界的观点影响了几个世纪。极端情况是，西方人将人类行为归因于其固有的性格特质而非情境因素——基本归因谬误，这种思维方式可以直接追溯至希腊人的哲学。

一个由基本归因谬误产生错误的最明显的例子，是西方人对于影响智力和学术成就的一些重要因素的理解（或者说误解）。

七、辩证法与智慧

我们来看读者给咨询专栏作家阿比吉尔·范布伦的信，在多家报纸上都曾刊出。请思考信中提及的场景中可能会出现的结果。

亲爱的阿比：

我的丈夫拉尔夫有一个妹妹道恩和一个弟弟库尔特。他们的父母在6年前的几个月里相继去世了。自那以后，道恩开始每年提出一次为父母购置一块墓碑的想法。我完全支持，而道恩决定在这件事上花大力气，并期望她的哥哥们能承担费用。她最近告诉我，她留出了2000美元做这件事。随后，她打电话宣称自己已经在推进事情进展，选择了墓碑的设计样式，刻写了墓志铭，订购了墓碑。现在她希望库尔特和拉尔夫支付他们的那部分钱给她。她说她自作主张做这件事是因为这么多年来她一直为父母没有墓碑而内疚。我觉得既然她是自己做这件事的，她的哥哥们不应该付给她钱。我知道如果库尔特和拉尔夫不付给她钱，那么她会一直纠缠下去，我也会不胜其扰。我该怎么办呢？

回想一下让·皮亚杰，这位20世纪中期伟大的发展心理学家，他认为人在童年之后所有思维的基础都是命题逻辑。他将这种逻辑规则称作“形式运算”，这与“具体运算”不同，“具体运算”是让孩子思考具体而真实的事物，“形式运算”则是让孩子思考诸如抽离了载体形状的物质守恒问题。（当你将一个高瘦容器中的沙子倒进一个矮胖的容器中时，沙子量不会改变。）皮亚杰认为孩子会利用逻辑发展他们对世界上的事物的理解，但是他们缺乏利用逻辑进行抽象思考的能力。当孩童进入青少年时期后，他们开始转变，用形式运算思考抽象概念。形式运算——命题逻辑的原则只能被感知而无法被教授。这种思维方式会在青少年时期结束时最终形成。在那个时间点之后，人不会学习到新的利用抽象规则思考的方法。每个正常的成年人都有几乎一样的一整套关于形式逻辑的规则。

正如本书展示的一样，在形式运算之外，有数不清的抽象规则，例如统计回归的概念和成本 - 收益分析。另外，这些抽象规则既可以感知也可以习得，并且在青春期之后我们仍可以不断学习。20 世纪后期的心理学家可以说对皮亚杰的理论进行了一次颠覆式回应，他们定义了一种“后形式运算”，即人的思维原则主要是在青春期之后习得的。通常情况下，这样的思维原则也不能保证产生单一的正确答案，而是会得到一系列合理的答案。这样一来，应用这些原则就可能产生思考问题的新视角，或是为解决一些明显的逻辑矛盾和社会冲突提供实用的指导。

著名的后形式主义学家科劳斯・里格尔和迈克尔・巴塞基将这种类型的思维方式标定为“辩证的”。他们在很大程度上依赖了东方思维描述和阐明这些原则，它们一般符合下述五个准则。

关系和情境。辩证思维强调关注：关系和情境，将一种事物或现象置于一个更大整体中的重要性，强调理解系统如何运作，系统（例如身体、群体、运作流程）的平衡，需要多角度看待问题。

反形式主义。辩证思维反对形式主义，是因为它将形式从内容中分离。当我们将一个问题的元素抽象出来而形成一个形式化的模型，同时忽略了对于正确分析极其必要的事实和情境时，我们就会犯错误。过度强调逻辑方法会导致曲解、错误和僵化。

矛盾。后形式主义学家强调了辨认不同命题之间、不同系统之间的矛盾的重要性，并且人应当认识到相反的东西可以彼此补足，相比于为了认可一个东西而否定另一个东西，认识到矛盾的互补性能够对事物有更好的理解。

变化。后形式主义心理学家强调将事件放在一个过程中去理解的重要性，而不应当以一种静止的眼光把它当作独立发生的事件来看待。这些心理学家将系统间的互动看作变化之源。

不确定性。部分是因为他们强调变化，承认矛盾，并且认可在大多数情境中多元因素的影响，后形式主义学家十分看重知识的不确定性。

这些思维原则对西方人而言并不陌生。东方人和西方人在这一点上的差异体现为，东方人会将这些原则当作基础，并持久地使用。让我们来看一些在日常生活中使用这些原则的例子。

文化、衰老过程，以及辩证法

心理学家伊戈尔·格罗斯曼、唐泽真弓和泉聪子、那金庆（音译）、迈克尔·瓦纳姆、北山忍一起拟定了一些问题，包括前述的“亲爱的阿比困境”和其他社会矛盾，例如族群冲突和反对开采自然资源等，而后他们向美国和日本的来自广泛的社会阶层和年龄层的人们提出了这些问题。他们询问这些参与者认为会发生什么以及原因，随后他们将答案分为与辩证推理相关的 6 类。

1. 答案是否避免了对某个原则生搬硬套？
2. 答案是否考虑到每一方参与者的角度？
3. 答案是否注意到了矛盾观点的性质？
4. 答案是否注意到了变化的可能性，还是以静止的观点看？
5. 答案是否提到了折中的可能方式？
6. 答案是表达了一种不确定性，还是比较武断？

结果年轻和中年的日本人在回应人际和社会冲突问题时用了更加辩证的观点，比年轻和中年的美国人要多。日本人更有可能避免生搬硬套一个原则，更多地从所有事件参与者的角度解释问题，更关注冲突的性质，更会承认变化和折中的可能性。他们在自己的结论上表现出了较低的确定性。

下表给出人们对“亲爱的阿比”专栏里那件兄弟姐妹为父母墓碑付账的事情的答案，体现了利用较多辩证思维和较少辩证思维的差异。表里的所有答案都来自美国人，但是日本人的答案也是完全可作比较的，只是他们更有可能提供辩证式的答案。

关于墓碑故事的回应，较多辩证推理与较少辩证推理的对比

较少辩证推理	较多辩证推理
考虑到冲突中涉及的人们的不同立场	
我能够想象他们之间后来的那种苦涩关系，只要想想拉尔夫和库尔特决定不给墓碑出钱就明白了。接着就会在妹妹和她的哥哥们之间形成交流的鸿沟。如果墓碑对他们来说同样重要的话，那么就不会出现这种问题	一些人或许认为我们需要像这样来表达对父母的敬意。有人可能会觉得没有必要这样做，或者有人可能没有经济能力去做任何事。这可能也表示这件事对两兄弟来说没那么重要。人们通常对什么事情重要有着不同的看法
认识到解决冲突的多元方式	
较少辩证推理	较多辩证推理
她可能最终自己支付，也可能对两个哥哥动怒。我想，如果他们真想帮她，那么早就支付了。我觉得这件事实际上没法真正解决	可能会有几种结果。哥哥们可能会偿还妹妹的钱，但这会让他们的妻子怨恨。或者这三个人都会怨恨。或者两兄弟拒绝付账，而妹妹最终只能接受。或者其中一个兄弟会支付
寻找折中之道	
他们可能没有钱，否则他们早就那么做了。道恩在某个时间提出了大家来共同支付，但其实她应当在征得他们同意之后再说付账的事。我认为她自作主张付账了，是陷她的哥哥们于不义之地，而她不该这样做。她得自己承担这后果	我想可能存在某种折中的办法，即库尔特和拉尔夫意识到购置一块墓碑是一件重要的事。尽管道恩没有征得他们同意就订购了，两兄弟不管怎么样可能都会承担一些，即使没有道恩期待的那么多。不过，希望这会有所帮助吧

在他们看来，日本人给出的更具有辩证思维的答案反映了他们伟大的智慧。于是，与其进行了良好的合作。他们将这些问题，以及日本人和美国人

的答案，都提供给芝加哥大学智慧网络研究中心的成员。这个网络中心包括（主要是西方的）哲学家、社会心理学家、精神治疗医师和一些对智慧本质与人如何获得智慧感兴趣的神职人员。网络中心的成员赞扬了那些针对这个问题的更加辩证的回答，认为这是更具智慧的。

当人们上了年纪之后，他们是否会因为在社会冲突问题中更多地应用辩证思维而变得更加睿智呢？美国人是这样的。从 25 岁左右到 75 岁左右，美国人会逐渐在年龄增长过程中开始更多地对人际和社会冲突问题使用辩证思维。

这解释了人们会随着年龄增长而在处理社会冲突上越发睿智。他们会更深入地认识到冲突背后的潜在原因，学会避免冲突发生的方法，并摸索出减少冲突产生的方法。

但是，日本人并没有在这些方面变得更有智慧。

下面来解释美国人与日本人在此产生差异的原因。年轻的日本人在面对冲突时比年轻的美国人更睿智，这是因为他们所受的社会教化更强调关注社会情境。他们被明确地教授如何避免和减少冲突，冲突对于东方社会结构的破坏之大远甚于西方。

年轻的美国人较少会被教授以辩证的原则应对冲突。但是随着他们的经历增多，在人生中遇到更多的冲突，他们会感知到认知和处理冲突的更好方式。日本人不会随着年龄增长而进步，这是因为，他们只是应用早期习得的概念，而没有在日常生活的实践中不断积累与冲突有关的经验。另外，他们在生活中碰到的冲突也比美国人要少，所以他们没有太多机会感知更好的应对冲突之法。

因此，如果要概括地说逻辑思维和辩证思维哪种更好，其实是没有意义的。笔者认为两种方式各有短长。有时候从一个论断里抽象出一点并以逻辑结构来审视很有帮助，有时候坚持将形式从内容中分离出来就是一个错误。有时候试着消解矛盾是有帮助的，但有时候去承认矛盾，看到不同矛盾观点之间存在的正确性，或者是否有可能超越矛盾而找到让双方都升华的途径则更有效。

然而笔者也会因为笼统地认为“逻辑思维对于科学思维和一些定义清晰的问题是必要的”而惹上麻烦。辩证思维通常在思考与日常生活相关的问题时更有帮助，尤其是与人际关系有关的问题。

假如你同意东亚人、上年纪的人和芝加哥智慧网络中心的人对于辩证思维价值的看法，你会学着在你的日常生活中更辩证一点儿去看问题吗?

通过以上案例分析，我们得出的结论是，同样一件事物，东西方两种哲学思维得到的结论是不一样的，东西方文化的思维习惯在交流中存在的沟通和互相学习的必要。

这里的大部分内容其实都更倾向于辩证推理，而质疑过度依赖形式分析的方法。这里强调了关注情境的重要性（拒绝基本归因谬误），过程和个人的多样性和变化（降低对访谈错觉的敏感度），事物和人的特性会与其他特性有所关联（鼓励人们关注自我选择的问题），知识的不确定性（加深对于真实分数、测量错误、相关性评估的准确性、可靠性、效度的理解）。而最重要的一点是：假设自己会犯错误。

八、新时代来临了

我们正在走向一个新的时代，一个同原先信息、交通、工作、生活方式完全不同的时代，但是，似乎人们的思想观念、精神、哲学观念还没有完全准备好，这个新时代就已经开始了。

某个不经意时刻，我们悄然走出了“现代”，进入一个新的无名时代。我们对世界的看法改变了，我们获得了新认识并随之具备了新能力。充满机遇、危险和挑战的新领域出现了。这里有人类存在的新精神内核。

旧世界观、旧任务和旧中心还自诩为“现代”或“先进”，但现在已是明日黄花。

科学进步的伦理，我们发现许多科技发明把人带进了一个新的方向，生活方式变了，人们思想未必都跟得上。有句话说：哲学遵循着占支配地位的科学世界的范式并把它转变为“世界观”和形而上学。

科技迅速发展的今天，哲学却没有跟上信息革命的时代。同时向所有人宣讲电脑不仅仅是一个小小的工具，而是代表着我们的工作方式、组织方式和思考方式的垂直革命，实际上电脑代表着一种基本变化——从经验到信息的转变。

九、小结

一些东西方思维中蕴含的基本原则迥然不同。西方思维是分析式的，强调认同逻辑概念，坚持非矛盾的观点；东方思维是整体式的，鼓励人们认识到变化，接受矛盾。

西方思维鼓励将形式从内容中抽离，以便评估论断的效度。结果是西方人避免了东方人会犯的一些逻辑错误。

东方思维产生了对于世界诸多方面的更准确的信念，也对人类行为的原因作出了更恰当的解释。东方思维强调关注影响事物和人类行为的情境因素，同样也要求人们认识到事物发展过程和个体都存在变化的可能性。

可以从东西方的传统民间传说故事中得到印证，东方的是夸父逐日、钻木取火，西方的火则是上帝拿给的。西方人和东方人对存在于命题之间的矛盾的回应是不同的。西方人在遇到一个强有力的命题和一个与之矛盾的较弱命题时，会更相信前者；而如果单独遇到较弱的命题则看法会改变。东方人在遇到同样的强弱命题矛盾的情况时，会更相信较弱的命题。

东西方人看待历史的方式也不同。东方人分析历史强调情境，抓住事件的发生顺序，强调事件之间的联系，鼓励人们以同理心理解历史人物。西方人分析历史轻视情境因素，不大关注历史事件的时间序列，强调历史进程中的因果模型。

西方思维在近年来深受东方思维影响。传统的西方命题逻辑中补充进来了许多辩证法的原则。这两种思维传统为彼此提供了广阔的批评契机。逻辑思维的优点似乎是找到更多辩证法的谬误，而辩证思维的优点则是发现逻辑思维的局限性。

在对社会冲突进行分析推理时，年轻的日本人比年轻的美国人表现得更睿智。然而，美国人会随着年龄的增长而增进智慧，日本人却不然。日本人以及其他东亚人习得了如何避免和解决社会冲突的方法。美国人通过社会化学习得较少，而在成长过程中积累了更多经验。

季羡林先生的东西文化互补论应当值得我们思考，他在很多文章和发言中提出了一个观点："文化交流是推动人类社会前进的主要动力之一。如果没有国家与国家间、人民与人民间的文化交流，今天人类社会是个什么样子，简直无法想象。我认为，在人类历史上，最大的文化交流是东西两大文化体系之间的交流。以中国文化为核心的东方文化，其基础或出发点是综合的思维模式，表现在哲学思想上是'天人合一'。最有代表性的说法是宋代大哲学家张载的'民，吾同胞。物，吾与也'。西方文化自希腊罗马起一直发展到今天的欧美文化，其基础或出发点是分析的思维模式，表现在行动上是'征服自然'。在中国汉唐时期，主宰世界的是东方文化。西方自文艺复兴，特别是产业革命以后，征服自然，成绩彪炳。到了今天，在衣食住行各个方面，都有巨大的创造与成就，全世界莫不蒙受其利。"

对于人与自然的关系，他说："然而征服自然，从一开始就孕育着危险性。到了今天，弊端日益明显，大气污染，环境污染，生态平衡破坏，臭氧层出洞，如此等等，不一而足。原来大自然，虽既非人格，亦非神格，却是能惩罚报复恶的，以上列举的诸弊端就是报复与惩罚的结果。如果人类再不悬崖勒马，此后的灾难真不堪设想。救之之方只有一个，就是以东方'天人合一'的思想和行动济西方'征服自然'之穷。在新的世纪，笔者虔诚地希望，人类能聪明起来，认真考虑拿来与送去的问题，认真思考'东西方文化互补论'。"

而人们要警惕和注意的是：汤因比先生曾经指出的，不同文明的相遇有一个不幸的定律，就是最没有价值的东西会最大化地被吸收，最有价值的东西反而会被最大化地拒绝。

故而不同文明间的交流交融还有很长的路要走，好在今日有更多的觉醒者在呐喊。

命运共同体之本

命运共同体是命运与生命体的共称，也就是“道”与“德”的共融。

命随体走，体载命行。

命合于道，则德。体健矣。

命悖于道，则逆。体毁矣。

当生命体合于道、德时，命运则呈现生命之特性而常春长生。

道、德是生命体最完美的“神器”，是生命的自体。从生命体清醒而又无思的混沌状态中去直觉地感应“故恒无欲也，以观其妙；恒有欲也，以观其徼”。点明了人体对外界宇宙的认识有两种不同的结果，即有欲和无欲，有欲则受外界干扰；无欲则随道而行。道法自然、气脉相通是对生命养身健体的最高境界。明代医学家李时珍在《奇经八脉考》中曾记载：“内镜随道，唯反观者能照察之。凡人有此八脉，俱属阴神，闭而不开，唯神仙（指修道）以阳气冲开，故能得道。”“内镜随道”就是人体之脉络，是元气的运行，恰恰是道、德使生命的百脉畅通，让生命充满了活力。

正所谓：一人之身、一国之象，胸腹之位犹宫室也；四肢之列犹郊境也；骨节之分犹百官也。常说的精、气、神，神犹君也、精犹臣也、气犹民也，贯于其身则足矣。知治身者则知治国矣，爱其民所以安其国，吝其气所以全其身。民散则国亡、气竭则身死。足见道、德为立生、立命之本矣。

“道”的无极化场作用于复杂有极化人体，感应出人的生命形成极场效应，即“道光”普照于复杂的人体，被人体变形“折射”而成“生命三光”，故“道”是生命得以显现的力量源泉。我们人的四肢、五脏、气脉运行无不是“道”中花开花落，云卷云舒，统一制衡的自然反映，它引导着宇宙万物生生不息、长存不灭。

命运共同体还表现在人的身体和心神是相互依存的，身体的健康状况反映出人精、气、神的活力情况，而心神活力又时时刻刻影响着身体机能的变化，反映出来便是阴阳失衡和能量的亏损。神生形、形成神，形不得神而不能自生、神不得形而不能自成，故形神合同。人们常说这人神不在、神走了，形就乱，就是这个道理。老子《道德经》中讲：天长地久，天地，之所以能长且久者，以其不自生也。

认识命运共同体的道、德，可以向水学习。

上善似水，

水善利万物而有静，

水是以柔静的方法而滋养万物成长的，

居众人之所恶。

它能安处于万物所不愿居的寂寞之位，

故几于“道”矣。

所以水的特性才接近于“道”的特性。

居善地，

修养心身者效法水的特性，善于选择众人所不到之处之清静之地。

心善渊，

心神善于安宁清静。

言善信，

守规矩善于诚信为自然状态。

政善治，

善于以中和的心神对待身体。

事善能，

如此这般就无事不能成功矣。

动善时，

举止行动就能顺应天时。

夫唯不争，故无忧。

一、共生组织

令企业领导者困惑的一个问题是：组织管理得很好，但被淘汰的危险仍然很大。原因在于，“组织”这个词已经发生巨大的变化。未来理想的组织则是——共生型组织，这是一种基于顾客价值创造和跨领域价值网的高效合作组织形态，所形成的网络成员实现了互为主体、资源共通、价值共创、利润共享，进而创造单个组织无法实现的高水平发展。

共生型组织的生态网络摒弃了传统的单线竞争的线性思维，打破了价值活动分离的机械模式，真正围绕顾客价值创造开展，将理解和创造顾客价值作为组织的核心，进而使创造价值的各个环节以及不同的组织按照整体价值最优的原则相互衔接、融合以及有机互动。

在持续的变化中，必须更关注适合这个时代的组织，也更关注组织的未来模式。

（一）当绩效由组织外部因素决定时

所有组织都是一定历史时期的产物，受到经济、文化以及更大范围的历史环境的影响，随着时间的历练，组织的战略决策、理念行为以及组织内外部的一切资源的协调和管理都将与环境形成良好的适应和改变。与此同时，表现卓越的组织总能在变化发生之前，用敏锐的眼光准确地感知和预见，进而提前采取措施进行调整，有效地把握机会实现超越。

现在的组织，无法逃避面对各种问题的现状，如何从问题中寻找机会便成为决定组织成败的关键。与此同时，全球化竞争的加剧、跨界带来的行业边界模糊等一系列挑战，使得组织寻找“兴奋感和冲动感”成为一件更加艰难的事情。在这种艰难的背后，存在一个本质性的问题便是：组织的绩效不再由内部的因素决定，而是由围绕在组织外部的因素决定，例如环境的不确定性、合作伙伴、跨界的对手、全新的技术等。人们开始发现，“组织”这个词已经随着时代的变化发生了比以往任何时候都更加深远的变化。

当今社会的主流已经明显地向互联互通、合作共赢进行转移，在这样的时代主旋律和趋势下，任何一个组织的发展都无法离开行业内、行业间组织的合作，更无法脱离顾客的价值参与。

众多成功的商业实践表明，构建命运共同体为组织带来的价值是非常明显的，将顾客的需求与高效的供应体系相连接，利用互联网技术实现合作各方的无缝连接，能获得更高效率的问题解决方法。现实的选择导致了一种全新的组织逻辑生成，我们把它称为“共生型组织”。

本质上，共生型组织是一种基于顾客价值创造和跨领域价值网的高效合作组织形态，所形成的网络成员实现了互为主体、资源共通、价值共创、利润共享，进而创造单个组织无法实现的高水平发展。共生型组织以共同的价值主张为基础。从价值主张的核心出发，顾客是共生型组织的核心，明确组织向顾客提供的产品和服务价值是命运共同体展开的圆心。

虽然从理念的层面而言，组织之间需要形成命运共同体的观念已经是共识，但是如何在组织的战略和运营中形成有效的共同体，则是一个极其困难的事情。这正是我们想解决的问题：如何理解一个新的组织形态——共生型组织，如何打造共生型组织。

（二）共生型组织的特征

长久的价值创造是命运共同体带来的集体智慧结晶，共生的逻辑是让组织形成命运共同体、拥有集体智慧的重要维度。从生物学的角度出发，共生是一种普遍存在的现象，它代表的是多种不同生物之间形成的紧密互利关系，共生生物之间相互依赖、彼此有利。由此延伸出的共生型组织，意为不同组织之间的相互合作关系，在这个过程中，组织具有充分的独立性和自主性，同时组织之间基于协同合作进行信息和资源的共享，通过共同激活、共同促进、共同优化获得组织任何一方都无法单独实现的高水平发展。尽管共生不可避免地带来冲突和分歧，但它从更大程度上强调了共生组织之间的相互理解和尊重，实现彼此更优越的进化循环。我们发现，共生型组织主要具有以下四个方面的特征。

第一，互为主体性。共生型组织的成员间，不再有主客体关系，而是彼此互为主体，这需要每一个成员作出根本性的改变。复杂多变的环境要求组织从单一的线性协同模式转向跨组织的多维协同模式，组织强调开放性和互联性，与环境形成良好的互动，其本质追求的是创造多维协同模式下的跨领域共生价值体，打造开放合作式的有机生态系统。在这个过程中，组织围绕顾客价值进行了重构，顾客在价值创造的过程中的地位真正得到凸显，由过去被动接受者和组织商业利润的贡献者转变为组织价值形成的创造者。

第二，整体多利性。合作是共生型组织的本质特征之一，合作并不否定竞争的存在，共生型组织更加强调合作组织之间的相互吸引与相互补充，最终做到从竞争中产生新的、创造性的合作伙伴。正是这种合作关系，相互激发，高效互动产生出更多的价值创造，这些价值创造不仅仅帮助了合作伙伴，更重要的是也给自身带来了超出组织原有能力所创造的价值。

第三，柔韧灵活性。共生型组织在组织内部减少了管理层级，破除了传统组织中自上而下的垂直高耸结构，简化了烦琐的管理层级，将权力下放到基层，让组织内部的灵活性和流动性变得更加容易，让组织成员感受到更多的自主与发展空间。在组织外部，共生型组织展示出更多连接与互动，让基于顾客价值创造的组合更加高效、更快捷地响应需求变化。

第四，效率协同性。“分工、分权、分利”已经无法满足组织对整体效率的追求，整体效率的实现更大程度地转向了组织间的合作协同程度。共生型组织系统中的组织个体保留了各自的独立性和自主性，依赖彼此之间对资源的获取、分享以及使用能力，组织获得了更好的融入环境的方式，更重要的是，组织的整体效率得以提升。

总之，共生型组织是对未来理想型组织形式作出的预判。

（三）共生型组织的四重境界

第一重境界：笃定商业文明及驱动人类进步的价值。

人们对于合作产生疑虑的原因，往往都是和不够确信有关，一方面是人们对自己不够自信，另一方面也无法承受不确定性带来的后果。所以虽然人们认知到组织无法独立存在，更加无法应对巨大的环境变化，但还是很难坦然地与别人合作。相反，如果知道自己的命运是与其他成员休戚相关，确信商业文明本身，确信彼此拥有相同价值观的时候，我们就会努力不断地学习和应变并开放自己。因此当我们对自己的行动有真正的责任感时，合作的效果也会最快实现。这就是为什么共生型组织以“共生信仰”为首要选择。拥有共同的价值观可以自主驱动组织成员有相同的价值判断，拥有共同的语境，以及行为选择。

第二重境界：不确定环境下，“确定”唯一真实可靠的来源是顾客，顾客成为组织成员间唯一的价值集合点。

很多企业是在想办法保持自己组织的“确定性”，希望以自己的“确定”来面对外部环境的“不确定性”。但“确定”的来源是什么？

“确定”唯一真实可靠的来源是顾客，这也是我们把“顾客主义”作为共生型组织的第二重境界的原因。“顾客主义”是指真正以顾客价值为中心，顾客成为组织成员间唯一的价值集合点。“顾客主义”是一种组织成员之间价值取向的结果检验标准，它是一个组织成员合作的过程、一种持久的要求和修炼。

第三重境界：技术穿透。技术总会在不经意间改变一切，我们总是低估技术改变微小事物时所积累的能量，我们也总是不能够恰当地理解技术作为一种组织语言，是能够高效集合无数成员从而成为“大系统”的。

观察今天取得领先地位的公司，它们的快速成长是源自它们可以提供一套让更多企业成长的解决方案，而这套行之有效的解决方案，正是技术在其中发挥作用。在共同技术平台与标准之下，组织成员之间能够形成一致的行为准则、沟通语境以及价值判断；能够快速地分享信息，协同创新以及优势互补，最后赢得一个与之前完全不同的成长效率。

我们把这套解决方案称之为“技术穿透”，实现技术穿透，需要组织每个成员突破三个障碍：一是愿意放弃自己固有的优势和行为习惯；二是拥有开放学习的心态和行动；三是在技术框架下展开沟通、信息共享以及培训学习。

第四重境界："无我"领导。"成就他人"在这里不是理念而是行动，如何更广泛地集合价值创造是对领导者的核心要求。

在共生型组织之中，领导是牵引陪伴、协同管理和协助赋能的过程。能将牵引陪伴、协同管理和协助赋能三个角色都扮演好的领导者，才称之为共生型组织的领导者，这样的领导者以"无我"打造组织大系统的协同价值环境，并为每一个组织成员赋能。"无我"的领导力是由坚持共同价值、协同工作、有效沟通构成，领导者借此创造并管理共生型组织的整个大系统效率。

显然，共生型组织是命运共同体在组织结构上有效的运用，并不断显现出其强大的生命力。

“一带一路”的五通

“一带一路”的“五通”包括政策沟通、设施联通、贸易畅通、资金融通、民心相通。“五通”指数指标体系由政策沟通、设施联通、贸易畅通、资金融通、民心相通 5 个一级指标、15 个二级指标和 41 个三级指标构成。

2013 年 9 月 13 日，上海合作组织比什凯克峰会提出，构建“丝绸之路经济带”要创新合作模式，加强“五通”，即政策沟通、道路连通、贸易畅通、货币流通和民心相通，以点带面，从线到片，逐步形成区域大合作格局。

数据显示，“五通”情况呈明显的区域特征。该指数按东南亚、南亚、西亚北非、中东欧、中亚蒙古五大区域划分，东南亚整体得分较高，其贸易畅通、资金融通和民心相通得分均排名第一；中亚蒙古在政策沟通和设施联通方面排名第一；南亚以及中东欧各国“五通”整体相对落后。总体而言，“一带一路”沿线国家“五通”发展程度不均衡，整体有较大发展空间。

“五通指数”定量反映了我国与“一带一路”沿线国家互联互通水平，可为政府决策、企业投资、智库研究等提供数据支撑。王继民教授指出，欢迎社会各界对“五通指数”的评估指标体系与测算方法提出修订意见，提供真实客观的各类相关数据。课题组将在吸纳各方意见的基础上逐步完善，不断提高指数的科学性和指导性。

“五通”具体内容：

第一，加强政策沟通。各国可以就经济发展战略和对策进行充分交流，本着求同存异的原则，协商制订推进区域合作的规划和措施，在政策和法律上为区域经济融合“开绿灯”。

第二，加强道路连通。上海合作组织正在协商交通便利化协定。尽快签署并落实这一文件，将打通从太平洋到波罗的海的运输大通道。在此基础上，各方积极探讨完善跨境交通基础设施，逐步形成连接东亚、西亚、南亚的交通运输网络，为各国经济发展和人员往来提供便利。

第三，加强贸易畅通。丝绸之路经济带总人口近 30 亿，市场规模和潜力独一无二。各国在贸易和投资领域合作潜力巨大。各方应该就贸易和投资便利化问题进行探讨并作出适当安排，消除贸易壁垒，降低贸易和投资成本，提高区域经济循环速度和质量，实现互利共赢。

第四，加强货币流通。如果各国在经常项下和资本项下实现本币兑换和结算，就可以大大降低流通成本，增强抵御金融风险的能力，提高本地区经济国际竞争力。

第五，加强民心相通。国之交在于民相亲。搞好上述领域合作，必须得到各国人民支持，必须加强人民友好往来，增进相互了解和传统友谊，为开展区域合作奠定坚实的民意基础和社会基础。

“五通”的“一带一路”将有力助推世界贸易的多元化和上台阶，促进世界经济的全面发展。

上合组织、上海精神

一、上合组织和上海精神之探索和尝试

上海合作组织，简称上合组织，是中华人民共和国、哈萨克斯坦共和国、吉尔吉斯斯坦共和国、俄罗斯联邦、塔吉克斯坦共和国、乌兹别克斯坦共和国于2001年6月15日在中国上海宣布成立的永久性政府间国际组织。前身是“上海五国”会晤机制。上海合作组织成员国元首理事会第十五次会议于2015年7月10日在俄罗斯乌法举行，乌法峰会通过关于启动接收印度、巴基斯坦加入上合组织程序的决议，上合组织扩员的大门正式打开。2017年6月1日，中国外交部发言人华春莹在例行记者会上表示，印度和巴基斯坦将在阿斯塔纳上合组织峰会上成为正式成员。这是上合组织2001年成立以来的首次扩大。

（一）成立宣言

中华人民共和国、俄罗斯联邦、哈萨克斯坦共和国、吉尔吉斯斯坦共和国、塔吉克斯坦共和国和乌兹别克斯坦共和国国家元首，高度评价上海合作组织成立以来在促进并深化成员国之间睦邻互信与友好关系、巩固地区安全和稳定、促进联合发展方面发挥的积极作用；上海合作组织的建立和发展顺应了冷战结束后人类要求和平与发展的历史潮流，展示了不同文明背景、传统文化差异的国家通过互尊互信实现和平共处、团结合作的巨大潜力；特别指出哈萨克斯坦共和国、中华人民共和国、吉尔吉斯斯坦共和国、俄罗斯联邦和塔吉克斯坦共和国国家元首1996年和1997年分别在中国上海和俄罗斯莫斯科签署的关于在边境地区加强国防安全信任和关于在边境地区互相裁减

国防武装力量的两项条约以及在哈萨克斯坦阿拉木图（1998 年）、吉尔吉斯斯坦比什凯克（1999 年）、塔吉克斯坦杜尚别（2000 年）会谈期间签署的总结性文件，为维护地区和世界的和平、安全与稳定作出了重要贡献，大大丰富了当代外交和地区合作的实践，在国际社会产生了广泛积极的影响；确信在 21 世纪政治多极化、经济和信息全球化进程迅速发展的背景下，将上海合作组织提升到更高的合作层次，有利于成员国更有效地联合利用机遇和应对新的挑战与威胁。兹郑重宣布：

上海合作组织的宗旨是：加强成员国之间的互相信任与睦邻友好；鼓励成员国在政治、经济、科技、文化、教育、能源、交通、环保和其他领域的有效合作；联合致力于维护和保障地区的和平、安全与稳定；建立民主、公正、合理的国际政治经济新秩序。

上海合作组织每年举行一次成员国国家元首正式会谈，定期举行政府首脑会谈，轮流在成员国举行。为扩大和加强各领域合作，除了已形成的相应部门领导人会谈机制外，可视情况组建新的会谈机制，并建立常设和临时专家工作组研究进一步开展合作的方案和建议。

上海合作组织进程中形成的以“互信、互利、平等、协商、尊重多样文明、谋求联合发展”为基本内容的“上海精神”，是本地区国家几年来合作中积累的宝贵财富，应继续发扬光大，使之成为新世纪上海合作组织成员国国家关系的基本准则。

上海合作组织成员国将严格遵守《联合国宪章》宗旨与原则，互相尊重独立、主权和领土完整，互不干涉内政，互不使用或威胁使用武力，平等互利，通过互相协商解决所有问题，不谋求在相毗邻地区的单方面军事优势。

上海合作组织奉行不结盟、不针对其他国家和地区及对外开放的原则，愿与其他国家及有关国际和地区组织开展各种形式的对话、交流与合作，在协商一致的基础上吸收认同上海合作组织框架内合作宗旨和任务、本宣言第六条阐述的原则及其他各项条款，其加入能促进实现这一合作的国家为上海合作组织新成员国。

上海合作组织尤其重视并尽一切必要努力保障地区安全。成员国将为落实《打击恐怖主义、分裂主义和宗教激进主义公约》而紧密合作，包括在吉尔吉斯斯坦比什凯克建立上海合作组织反恐怖中心。此外，为遏制非法贩卖武器、毒品、非法移民和其他犯罪活动，将制定相应的多边合作文件。

上海合作组织成员国将加强在地区和国际事务中的磋商与协调行动，在重大国际和地区问题上互相支持和密切合作，联合促进和巩固本地区及世界的和平与稳定。在当前国际形势下，维护世界战略平衡与稳定具有特别重要的意义。

冷战结束后，国际和地区形势发生很大变化。中俄哈吉塔为加强睦邻互信与友好合作关系，加紧就边界地区信任和裁军问题举行谈判。1996 年 4 月 26 日和 1997 年 4 月 24 日，五国元首先后在上海和莫斯科举行会晤，分别签署了《关于在边境地区加强军事领域信任的协定》和《关于在边境地区相互裁减军事力量的协定》。这是亚太地区首份多国双边政治军事文件，受到国际社会广泛关注和高度评价。

（二）上合宗旨

2001 年 6 月 15 日的《上海合作组织成立宣言》和 2002 年 6 月 7 日的《上海合作组织宪章》，规定了上海合作组织的宗旨和原则。上海合作组织的宗旨和任务主要是：

1. 加强成员国的相互信任与睦邻友好；

2. 维护和加强地区和平、安全与稳定，共同打击恐怖主义、分裂主义和极端主义、毒品走私、非法贩运武器和其他跨国犯罪；

3. 开展经贸、环保、文化、科技、教育、能源、交通、金融等领域的合作，促进地区经济、社会、文化的全面均衡发展，不断提高成员国人民的生活水平；

4. 推动建立民主、公正、合理的国际政治经济新秩序；

5. 上海合作组织遵循的主要原则是：恪守《联合国宪章》的宗旨和原则；

6. 相互尊重独立、主权和领土完整，互不干涉内政，互不使用或威胁使用武力；

7. 所有成员国一律平等；

8. 平等互利，通过相互协商解决所有问题；

9. 奉行不结盟、不针对其他国家和组织及对外开放原则。

上海合作组织的宗旨和原则，集中体现在“上海精神”上，即“互信、互利、平等、协商、尊重多样文明、谋求共同发展”。“上海精神”已写入《上海合作组织成立宣言》。

（三）发展历史

起源：上海合作组织起源于1996年，是中国、俄罗斯、哈萨克斯坦、吉尔吉斯斯坦、塔吉克斯坦的关于加强边境地区信任和裁军的谈判进程的组织。上海合作组织是第一个以中国城市命名的国际组织，它进一步加强了中国与周边国家的关系。

成立：2001年6月15日上海合作组织在上海正式成立。上海合作组织的前身是上海五国会晤机制。2001年6月14—15日，“上海五国”元首在上海举行第六次会晤，乌兹别克斯坦以完全平等的身份加入“上海五国”。15日，六国元首举行首次会议，并签署了《上海合作组织成立宣言》，上海合作组织正式成立。此次峰会还签署了《打击恐怖主义、分裂主义和极端主义上海公约》。

2001年9月，上海合作组织政府首脑在哈萨克斯坦阿拉木图举行首次会谈。上海合作组织政府首脑在会谈中联合决定启动上海合作组织多边经济合作进程，宣布正式建立上海合作组织政府首脑定期会谈机制。

（四）机构设置

上海合作组织迄今已基本完成机制建设任务，建立起涵盖不同层次、涉及众多领域的较完善的机构体系，为自身发挥职能和作用奠定了坚实基础。

1. 已建立国家元首、总理、总检察长、安全会议秘书、外交部长、国防部长、经贸部长、文化部长、交通部长、紧急救灾部门领导人、国家协调员等会议机制。每个会议机制的运作，均有相应的文件予以规范。国家元首理事会是最高领导机构，负责研究、确定上海合作组织合作与活动的战略、优先领域和基本方向，通过重要文件。元首例行会议每年举行一次，通常由成员国按国名俄文字母顺序轮流举办。举行例行会议的国家为本组织主席国。上海合作组织迄今共举行了 18 次元首会议，分别于 2001 年 6 月在上海、2002 年 6 月在圣彼得堡、2003 年 5 月在莫斯科、2004 年 6 月在塔什干、2005 年 7 月在阿斯塔纳、2006 年 6 月在上海、2007 年 8 月在比什凯克、2008 年 8 月在杜尚别、2009 年 6 月在叶卡捷琳堡、2010 年 6 月在塔什干、2011 年 6 月在阿斯塔纳、2012 年 6 月在北京、2013 年 9 月在比什凯克、2014 年 9 月在杜尚别、2015 年 7 月在乌法、2016 年 6 月在塔什干、2017 年 6 月在阿斯塔纳、2018 年 6 月在青岛，2019 年 6 月在比什凯克举行。

2. 上海合作组织设有两个常设机构——秘书处和地区反恐怖机构。上海合作组织秘书处设在北京，2004 年 1 月正式启动。秘书处是组织的常设行政机构，为组织框架内的活动提供行政、技术和信息保障。主要职能包括：协助举行组织的各种会议；参与制订组织的文件草案；协助落实组织通过的各项决议和文件；保管组织的文件、资料；收集、整理和传播组织活动的信息；编制和执行组织常设机构的预算；代表组织同其他国际组织和国家开展交往。秘书处编制 30 人。秘书长由成员国按国名俄文字母顺序轮流担任，任期 3 年。现任秘书长为来自塔吉克斯坦的阿利莫夫。

上海合作组织地区反恐怖机构设在乌兹别克斯坦首都塔什干，是上海合作组织成员国在打击“三股势力”等领域开展安全合作的常设机构。地区反恐怖机构下设理事会和执行委员会。理事会是地区反恐怖机构的协商决策机关，由成员国反恐主管部门负责人或代表组成。执行委员会是常设执行机关，编制 30 人，最高行政官员为执委会主任，任期 3 年。现任执委会主任为卡西莫夫（乌兹别克斯坦籍）。

3. 计划成立上合组织反恐中心。俄罗斯国防部长绍伊古在塔吉克斯坦举行的上合组织国防部长会议上表示，俄方完全支持中国有关建立上合组织反恐中心的倡议。俄罗斯战略研究所专家库尔托夫认为，成立上合组织反恐中心将有助于提高该组织对新的安全威胁作出相应反应的能力。上合组织国家国防部都强调，将进一步加强各国军队间的合作以及军事领域的相互信任措施。

（五）组织成员

成员国：中国、俄罗斯、哈萨克斯坦、吉尔吉斯斯坦、塔吉克斯坦、乌兹别克斯坦、巴基斯坦、印度

观察员国：阿富汗、白俄罗斯、伊朗、蒙古

对话伙伴国：阿塞拜疆、亚美尼亚、柬埔寨、尼泊尔、土耳其和斯里兰卡

（六）合作内容

政治合作：解决边界问题，巩固成员国政治互信和睦邻友好；在成员国关切的问题上以上海合作组织名义表示支持，成员国多次阐述对阿富汗、巴以冲突、伊拉克、朝核问题等问题的共同立场，在联合国安理会改革问题上，阿斯塔纳峰会宣言强调改革应遵循最广泛协商一致的原则，不应为改革设立时限和强行表决尚有重大分歧的方案。

安全合作：安全合作是上海合作组织的重点合作领域，核心是打击恐怖主义、分裂主义和极端主义“三股势力”。2001 年 6 月 15 日，上海合作组织成立当天，成员国即签署《打击恐怖主义、分裂主义和极端主义上海公约》，在国际上首次对恐怖主义、分裂主义和极端主义“三股势力”作了明确定义，并提出成员国合作打击的具体方向、方式及原则。这发生在“9·11 事件”之前，体现了成员国打击恐怖主义的远见卓识。上海合作组织由此成为最早打出反恐旗帜的国际组织之一。

经济合作：涵盖贸易投资、海关、金融、税收、交通、能源、农业、科技、电信、环保、卫生、教育等领域。

教育合作：2007 年 8 月 16 日，在上海合作组织比什凯克元首峰会上，俄罗斯总统普京倡议成立“上海合作组织大学”，得到各成员国的一致赞同。

2009 年上半年，成员国五方协商一致，共同确定区域学、生态学、能源学、IT 技术和纳米技术 5 个专业为优先合作方向，并按照基本的要求和标准

遴选出了本国的项目院校，其中哈萨克10所、吉尔吉斯7所、中国10所、俄罗斯16所、塔吉克10所，共计53所。

国际司法合作：中国-上海合作组织国际司法交流合作培训基地于2014年5月20日正式在上海政法学院奠基揭牌，于2016年全面建成。

2013年9月13日，在上海合作组织成员国元首理事会第13次会议上，中方决定在上海政法学院设立“中国-上海合作组织国际司法交流合作培训基地”，愿意利用这一平台为其他成员国培养司法人才。

中国-上海合作组织国际司法交流合作培训基地落户上海政法学院意义重大，是中华人民共和国成立以来上海首个地方高校直接服务国家整体外交战略的案例。

中国-上海合作组织国际司法交流合作培训基地主要服务于上合组织成员国的司法、执法部门官员以及律师、反恐维稳界人士的业务交流。基地还担负国际合作研究，汇集上海乃至整个中国外交领域，形成多元化、开放式的研究队伍，建设欧亚研究、上合组织研究以及“丝绸之路”经济带等方面研究的理论和外交智库。

设立中国-上海合作组织国际司法交流合作培训基地是中央从国际和国内两个大局战略需要出发作出的重要决策。一是可以成为上海合作组织外交建设新的着力点，二是可以成为推动长三角地区协同发展的新亮点，三是可以成为推动上海进一步改革开放、走向世界的发力点。

与此同时，上海合作组织在文化、教育、环保、紧急救灾等领域合作进展顺利，取得积极成果。

四点主张，开辟运输走廊：

第一，弘扬互信、互利、平等、协商、尊重多样文明、谋求共同发展的“上海精神”。切实落实《上海合作组织成员国长期睦邻友好合作条约》，在涉及主权、安全、领土完整、政治制度、社会稳定、发展道路和模式等重大问题上相互支持，共同应对威胁和挑战，维护成员国安全利益和发展利益。

第二，共同维护地区安全稳定。落实《打击恐怖主义、分裂主义和极端主义上海公约》及合作纲要，完善执法安全合作体系，建立应对安全威胁和挑战综合中心，合力打击“三股势力”。支持阿富汗民族和解进程，帮助阿富汗早日实现和平稳定，共同维护地区安全。

第三，着力发展务实合作。把丝绸之路精神传承下去，发扬光大。2014年9月已签署《国际道路运输便利化协定》，开辟从波罗的海到太平洋、从中亚到印度洋和波斯湾的交通运输走廊；商谈贸易和投资便利化协定；推动区域经济合作；加强金融领域合作，成立上海合作组织开发银行和上海合作组织专门账户；成立能源俱乐部，建立稳定供求关系，确保能源安全；建立粮食安全合作机制，在农业生产、农产品贸易、食品安全等领域加强合作。

第四，加强人文交流和民间交往。

二、命运共同体的精神

“上海精神”即互信、互利、平等、协商、尊重多样文明、谋求共同发展。它不仅是“上海五国机制”的基础，也是上海合作组织的灵魂。

（一）主要内容

政治上的互信是该组织建立的基础，经济上的互利互惠则是该组织发展的前提，各成员国本着平等协商的态度，尊重不同民族、不同宗教信仰国家的文化形态，共同推进人类的发展与进步，这些精神成为上海合作组织的灵魂。

（二）重大作用

“上海精神”顺应了和平与发展的时代潮流。和平与发展是当今时代的两大主题。“上海五国机制”在互信、互利的基础上顺利解决了历史遗留的边界安全问题后，逐渐发展到地区安全、区域经济合作、文化和教育交流等方面，和平与发展一直是该机制的核心；上海合作组织继承了这一具有时代特征的精神，建立了区域性预防冲突机制，在打击恐怖主义、分裂主义和极端主义方面进行了重要的尝试；制定了共同的措施，对遏制“三股势力”的蔓延起到了有效的震慑作用，有利于维护本区域各民族的团结与安全以及世界的和平与稳定。毫无疑问，“上海精神”表达了各成员国人民的共同愿望，顺应了和平与发展的时代主流。

“上海精神”符合各成员国共同的发展利益。上海合作组织八个成员国都属于发展中国家，社会处于转轨过程中，都面临紧迫的发展问题，所以发展经济和进行广泛的经贸合作是该组织的核心任务之一。虽然各成员国国情不同，经济特色以及发展轨迹各异，但该组织确立了平等互利的基础原则，利用经济互补的有利条件加强双边和多边合作，促进了各国间的经贸合作。例如，中国的现代化建设为俄罗斯和中亚国家能源产业的发展提供了广大的消费市场。而在中亚和俄罗斯尚未占优势的轻工领域，中国成熟的轻工产品可以起到补充作用，从而形成良性互动的利益关系。基于地缘因素，各成员国之间存在着互利合作的巨大潜力和机遇，同时，各国有着共同的目标：推动各国经济发展，增强本区域经济发展的共性与利益连带性。

“上海精神”反映了新型的国家关系。上海合作组织是新型国家关系的典范，其中一个中心原则就是建立公正的国际新秩序，推动世界多极化和国际关系民主化。该组织主张国家不论大小强弱一律平等，反对霸权主义和强权政治，倡导建立一种新型的国家关系。各国就共同关心的地区和国际问题平等协商，彼此结成“好伙伴、好邻居、好朋友”，在地区和国际政治生活中发挥了积极的作用。俄、中两国树立的平等形象使中亚国家不仅获得了安全上的保障，而且得到了经济上的有力支持。“上海合作组织”充分尊重各国的利益，维护本区域共同的安全和发展，正如中国领导人所指出的，该组织各成员国睦邻友好合作关系的发展，将在本质上改善亚欧大陆的政治景观。

“上海精神”体现了先进的文明交流形态。人类的许多悲剧都源于彼此的不信任以及对文明的不尊重。上海合作组织八个成员国，占欧亚大陆面积的2/3，人口近15亿，集中了200多个民族，文明属性各不相同。在这样一种广大的国际生存空间，各个民族国家在忠于自己文明与文化传统的同时，对其他文明形态保持了应有的尊重和理解。在该组织中，中国所占的人口比例达到80%，这样一个庞大的民族群体保持一种宽容的文明心态，与各种文明进行真诚而开放的交流，无疑对该组织的健康发展提供了深厚的文化影响。该组织各成员国平等相待，尊重对方的宗教信仰，形成了各种文明平等交流的局面，为促进人类文明的进步与发展提供了生动的范例。

（三）四观核心

上海合作组织探索走出了一条新型区域组织合作之路，创立了以“上海精神”为核心的新安全观、新合作观、新发展观、新文明观。

新安全观就是要坚定维护成员国主权、安全、发展利益，坚定支持成员国根据本国国情选择的发展道路，坚定支持地区事务由地区各国做主，反对形形色色的干涉主义，防范区域外动荡冲击，为成员国发展创造良好的外部环境。

新合作观就是要遵循以合作谋和平、以合作促发展、以合作化争端的理念，坚持结伴不结盟，在涉及成员国核心利益的问题上加强磋商和沟通，就重大国际和地区问题加强协调和配合，维护好成员国和发展中国家共同利益。

新发展观就是要顺应经济全球化大势，结合地区经济发展特点，根据成员国自身特点和发展战略规划，实现优势互补、互利共赢，为成员国发展创造有利条件，促进成员国经济发展和民生改善。

新文明观就是要推动不同文明交流互鉴、兼容并蓄，承认各国文化传统、社会制度、价值观念、合作需求上的差异，尊重彼此的自主选择，使不同文明取长补短、在求同存异中和谐发展。

（四）形成过程

“上海精神”起源于“上海五国”进程。近些年来，随着上海合作组织的成长壮大，作为上合组织旗帜的“上海精神”的国际影响正在扩大，国际意义日益提升，已经成为新的国际关系准则，成为新的普世价值。中国是“上海精神”的原创国，“上海精神”的制定和践行是我国外交工作的重要成就，也为我国公共外交增添了一笔重要财富。

“上海精神”是指导上合组织顺利发展的灵魂。苏联解体和冷战结束后，中国与俄罗斯等国家的关系如何把握，不仅事关这些国家的切身利害，也对整个国际形势的发展至为紧要。1996 年和 1997 年，在中国与俄罗斯、哈萨克斯坦、吉尔吉斯斯坦和塔吉克斯坦五国先后签署了《关于在边境地区加强军事领域信任的协定》和《关于在边境地区相互裁减军事力量的协定》后，上海五国进程要不要继续下去，向何处去，1998 年便成了重要的历史性节点。由于中方和有关国家的努力，该年的阿拉木图峰会不但保持了这一进程，各国元首还表示要在政治、安全、经济、文化等领域开展合作，从而拉开了上合组织的序幕。这样，3 年后“上海五国”升级为上海合作组织乃是水到渠成、顺理成章之事。

中方在制定“上海精神”的过程中，认真总结了“上海五国”进程的经验，仔细研究了国际形势的发展变化和本地区国家关系的特点，反复推敲、提炼，形成了令各方满意的方案。概括了“上海精神”的“互信、互利、平等、协商，尊重多样文明，谋求共同发展”这 20 个字，内涵丰富，高度精练，用意新颖。它体现了新的安全观、新的合作观、新的发展观和新的文明观。它打破了传统和现存的很多国际组织和集团都不同程度具有的封闭性、排他性、强制性以及一致对外的特点，坚持不结盟、不对抗、不针对其他国家和国际组织的原则。开创了各成员国间结伴而不结盟，不结盟而又能实行战略协作的新的关系模式。“上海精神”所规范的上合组织性质和各方关系符合现代条件下国际关系的变化和要求，适应了由于全球化态势下各国的对外利益和交往更加多元化和多方位的特点，也顺应了全球化潮流下共同应对人类新挑战的大趋势。

“上海精神”是指导上合组织工作及组织各机制运转，规范组织内各种关系的根本性政治法律基准。上合组织各成员国元首在上合组织成立宣言中就确认：“‘上海精神’是本地区国家几年来合作积累的宝贵财富，应继续发扬光大，使之成为新世纪上合组织成员国之间相互关系的准则。”上合组织各方在各项工作中都能切实按“上海精神”行事。2005 年以来，从元首会议、总理会议到协调员会议和专家会议，无论提出、讨论和决定什么问题，各方都会本着互信互利原则，做到协商一致、平等相待。没有出现大国强加于小国、多数强加于少数、一方强加于另一方的情况。“上海精神”也适用于上合组织观察员国、对话伙伴国，适用于与上合组织有合作关系的国家和国际组织。上合组织 10 年发展的最重要的经验是，珍惜并遵守“上海精神”，上合组织的一切成就都是在“上海精神”的指引下取得的。

（五）重要意义

“上海精神”具有重要意义。

“上海精神”在开创组织各成员国间新型关系的同时，也为国际社会摒弃冷战思维、探索新的国际关系、建立新的国际秩序提供了宝贵和现实的理论启示和实践经验。

“上海精神”颠覆和超越了在国际关系中长期流行的冷战思维、零和游戏与“只有永恒的利益，没有永恒的朋友”之类的传统理念，倡导和平、互利、合作、共赢的新安全观和新合作观。这就为逐步建立新的国际关系和世界秩序构筑了初步道义基础和基本支柱。在全球化的大趋势下，世界各国的共同利益不断扩大。这说明“上海精神”提倡的理念原则在理论上是先进合理的。上合组织 10 年的成功发展又表明，“上海精神”的创新性贡献在实践上也是现实可行的。

“上海精神”颠覆和超越了文明冲突论，倡导尊重多样文明，打破构建新型国际关系和国际秩序的一大障碍。文明冲突论久已有之，近些年来影响又有所扩大。国际关系理论中所讲的文明，不光指文化传统和价值观念，还包括各国受不同文明背景影响而形成的社会制度和发展道路。长期以来，某些国家以先进文明自居，坚持强行输出自己的意识形态和社会制度，越俎代庖地替别国作出选择，致使世界经常是纷争不已、动荡不安。“上海精神”承认、提倡和尊重文明的多样性，不但能促进世界的和平和谐，还可使多种文明在共存共处中取长补短、互相借鉴、交流融合、共同繁荣，推动人类文明走向更加美好的未来。

“上海精神”打破和超越了大国关系、大国崛起的传统模式和思维定式。

西方传统国际关系理论的要点和近代国际关系史的主线是大国关系的纵横捭阖，大国地位的兴衰荣辱，大国间的势力范围、结盟集团、争霸战争，大国对小国的弱肉强食。国家间缺乏互信，更无平等可言。新兴大国与老牌大国的利害关系此厚彼薄、此长彼消，两者间形成争夺、对立和战争。而“上海精神”和上合组织则向世界展示了全新的大国崛起模式和道路。上合组织各成员国之间的文化宗教和社会制度不同，在幅员、国力和国际地位上差异更大。中、俄两国是联合国安理会常任理事国和政治军事大国。改革开放带来的高速发展使中国跃居为世界第二大经济体。经历苏联解体困境后的俄罗斯也已步入复兴之路。中俄与哈、乌、吉、塔等国能做到在互利互信的基础上协商共事、平等合作、共利多赢正是“上海精神”和上合组织成功的突出体现。

这一成功也证明，中国政府和领导人关于坚持走和平发展、合作共赢道路的政策宣誓是可信可靠的。中国的崛起不是威胁，而是机遇，不是利空，而是利好。上合组织各国能通过合作利用中国崛起的机遇，分享中国发展的红利，是“上海精神”和上合组织有吸引力的原因之一，并显示了命运共同体理念的广泛认同感和各国积极参与的热情。

弘扬“上海精神”是我国公共外交的重要理念。

当前国内外形势的深刻复杂演变，使公共外交在我国总体外交中的地位和意义明显上升。与官方外交兼以硬软实力推行政策和维护利益相比，公共外交具有渠道宽泛、形式多样、方法灵活的特点和优势。公共外交弘扬“上海精神”，对于增强我国外交软实力具有重要意义。

“上海精神”既与我国长期奉行的外交政策、原则和理念一脉相承，又在当代条件下有所发展。既合本尊源，又有时代特征。在公共外交中利用各种途径和手段传播和倡导“上海精神”，有利于占据国际道义高地，有利于拓展更大的国际活动空间，有利于我国保持改革开放与现代化建设的良好外部环境和战略机遇期。

“上海精神”以新的形式和内容展现了独立自主原则。独立自主是我国外交政策的根本原则。“上海精神”贯穿并渗透着独立自主原则。没有独立自主，就不可能有互信互利，更谈不到平等协商。没有独立自主，自己的文化传统、基本制度和发展道路非但不会得到尊重，还势必会遭到侵害，顺利和可持续发展自然也就无从谈起。“上海精神”中的独立自主又有了新内涵，在这里，独立自主寓于和平、合作、发展和共赢之中，两个方面自然而又有机地结合在一起。这在国际关系和对外交往中容易得到接受和认同。

“上海精神”是和平共处五项原则的发展。和平共处五项原则是中国在20世纪50年代中期最先提出和倡导推广，成为国际关系的基本准则而为世界各国所普遍承认。“上海精神”在承续和平共处五项原则的同时，又有符合现代世界形势发展的创新，它突出了和平、合作、发展的时代主题。和平共处五项原则的核心内容是互相尊重主权和领土完整，“上海精神”则提升到平等互利和尊重多样文明。作为一套完整的行为规范，和平共处五项原则的目标是和平共处，而“上海精神”则上升到谋求共同发展。在当代世界，“上海精神”反映了国际社会绝大多数成员的愿望和要求。

“上海精神”是建立国际新秩序的旗帜。这点正是“上海精神”的本质特征。“上海精神”是维护世界和地区和平、推动国际关系民主化的旗帜，是反对强行输出制度和价值观、主张文明和发展模式多样化的旗帜，是提倡和实行互信、互利、平等协商、合作共赢的旗帜。

21世纪中国财富思想精神的人文价值

2006年，美国财长保尔森访华前夕接受美国全国广播有限公司财经频道采访时指出，作为经济大国，“他们已是全球经济的领导者，世界其他国家不会再给他们很多时间”。毫无疑问，这个“他们”就是中国。今天，我们已经站在了世界经济大国走向世界经济强国的历史节点上。中华民族百年的强国梦已不再是遥不可及。然而21世纪又是我们应当小心翼翼，不可狂妄自大，要认真反思的时代。

随着世界经济一体化，国际间竞争的白炽化，2008年世界金融危机爆发了，安然经济丑闻爆发了，麦道夫国际金融诈骗败露了，美国“二房”破产了，雷曼兄弟投行破产了，是什么让世界经济、国际金融如此混乱、动荡不安？于是乎，各种声音嘈杂纷纷，要监管，修改法律，对金融以更加严厉的约束。然而，法律是人制定并通过人去执行的。树欲静而风不止。综观世界经济发展史，我们发现，中国在历史上经济繁荣的汉唐两代和宋代已具备基本了财富思想精神。

而中国财富思想精神的“仁义礼智信”，则对中国千年的商业秩序起到了相当的稳定作用。我们的今天犹如一棵大树，在急速前进中，树叶在一片片落下，当我们到达终点时才发现，树光秃秃的只剩下可怜的树干。就是说，忘却了那片片绿叶才是人们最可珍惜的财富，宝贵的人文精神遗失了，如同今日富裕起来的人们常常眼神呆滞、茫然，在寻找遗失的什么东西，寻找人性中的人文关怀、人文精神。

21世纪是我们将实现中华民族伟大复兴的历史时期，应重提中国财富思想精神。作为引领世界经济潮流的一个大国，思想基础的人文价值意义是十分必要的，而缺失了道德思想基础的经济强国是不可想象的。正如阿弗里德·马歇尔在《经济学原理》一文中指出："经济学既是一门研究财富的学问，也是一门研究人的学问。"故而，我们在呼吁建立世界经济、金融新秩序时，强调重视人文精神。人们追逐财富，应在理念上、手段上、方法上，以及得财后的使用上，遵循中国财富思想精神。这便是当今中国财富思想精神的人文价值所在。

现代经济学主要研究人类活动的动力和阻力，这种动力和阻力的数量只能大略用货币来衡量。而不论动机是高尚的还是卑鄙的，在残酷的市场竞争法则下，掩盖了社会道德的责任。有毒食品的不断出现，生产过程中自然环境的严重破坏，正说明了缺失道德精神的竞争是多么可怕。回首上古，老子早在几千年前就说"汝身非汝有也……孰之有哉？ 是天地之委形也。"身体、生命、禀赋和子孙都不是人类自身所拥有，与所有生物为友，与人类居住的自然环境和谐相处方为大道本源。

人与人、人与社会、人与自然的和谐相处，是要有一种精神的。中国财富思想精神的公正、公平、诚信、正义、仁爱，这种道德品质让人们喜爱、敬奉，在维系千年的商业行为中起到了相当的稳定作用并传承至今天。在关公、比干、赵公明身上折射出来，这一人文价值也应是我们中华民族金融文化思想的宝贵财富。

2011 年 8 月 5 日，美国主权信用评价被标普下调，一时间世界金融市场灾难来临，全球股市闻声大跌，美国面临着前所未有的危机，真不亚于金融界的又一次"9·11"。为何一个金融分析机构的一句话能使全世界金融发生如此巨大震动，使全国政要忙乱于此？无怪乎"诚信、信用"是金融体系里最脆弱的神经病灶。金融体系的一切均是建立在信用、公正、公平的基础上的。据此，人们才会把一个机构、一个国家的信用等级看得如此珍贵。懂得敬畏，我们的社会才会变得安宁。

新世界新思潮

爱因斯坦曾说，我们不能以制造问题的思考方式，来解决面临的重大问题。他说得没错，我们今天面对的问题，无法以我们制造出这些问题时的同一想法来解决。然而，我们现在却是在这么做。我们对抗恐怖主义、贫穷、犯罪、文化冲突、环境恶化、卫生不佳，甚至肥胖与其他“文明病”时，采取的就是一开始制造出这些问题的同样想法——相同的手段和方法。有两个例子可以清楚地说明这一点。

现代国家对抗恐怖主义的方法，就是加强安全。他们这样做，不像是对抗恐怖主义，更像是只在保卫领土。他们说，只要阻止恐怖分子执行恐怖活动，就可以消除恐怖主义。想要这么做，最好的方式就是把他们全部揪出来关进监牢里，或者在他们伤害我们之前彻底打败他们。这种策略，就和为了治疗一个患了癌症的有机体，先把癌细胞切除一样，如果这个有机体体内除了这群癌细胞外，其他部分都没有受到影响，那么，这种疗法当然有效，但这是很幸运的例子，并非常见的情况。如果这个有机体整个受到感染，其他的细胞也会变成癌细胞，它们不仅会取代被切除的癌细胞，还会扩散开来。当然，到最后，癌细胞会杀死这个有机体，结果也把它们自己给消灭了。如果我们要治疗一个产生癌细胞的身体，最好去治疗这个身体本身，而不只是切除出了问题的细胞。正确的疗法就是要了解是什么原因造成癌细胞无限制地复制，更要深入探讨是什么样的过程，造成细胞在一开始就以这种方式复制自己。

细胞为什么会变成癌？这个问题就好比人为什么会变成恐怖分子。国家安全部的首长不屑于提出这样的问题，他们说，恐怖分子单纯就是邪恶犯罪，是社会公敌。他们的想法就跟那些变成恐怖分子的人一样。恐怖分子和那些煽动、资助，以及训练恐怖分子的人认为，他们要对付的那些强权国家的安全部门的首脑，就是邪恶犯罪、社会公敌。每一边都觉得杀害对方是伸张正义，结果是恨意加深，产生更多恐怖主义，而不是减少。一个社会若是生病了，在杀害更多恐怖分子之后只会有更多人变成恐怖分子。

为了石油而战，并不是这个世界生病的原因，而是它的激烈症状和悲剧后果。病因是旧思想，是错误的思想。

旧思想的另一个例子，就是所谓的抗贫战争，主要通过金融手段进行。过去几十年，全球开始出现负发展，据说是因为缺乏足够的开发援助资金。富裕国家捐出的援助资金，平均只占他们国民生产总值大约 0.2%，但他们却正式承诺要捐出国民生产总值的 0.7%。联合国支持的抗贫计划名叫“千禧年开发目标减少贫穷策略”，只要求占 GNP0.5% 的援助款。换算下来，这样一年将会出现 1500 亿美元的援助款，为期 20 年。经济学家萨克斯，这位担任联合国前秘书长安南的特别顾问，同时也是抗贫计划的主要撰稿人，坚称此计划可在 2015 年消除目前多达 11 亿的赤贫人口。

萨克斯把 MDG—based 策略呈现成一套包含经济与政治的“全球盟约”，但仔细研究就会发现，它动用的远远多过政治与经济。就如他自己指出的，想要达成这个策略的目标，需要全世界采取协调一致的立场，不仅捐出金钱，还要集体对抗疾病、推广良好教育、提供重要的基础设施，并且采取一致行动，帮助穷人中最穷的人。萨克斯说，需要大家在所有这些领域上集体行动，才能巩固经济上的成就。跟对抗贫穷的战争一样，想要战胜恐怖主义，不仅需要更好的制度或更多金钱，同时还要新的思想——改变主导今天这个世界主流文明的每一项本质。

当城市和国家对抗犯罪时，情况更相似了。他们在打击犯罪时，企图增加更多警力，兴建更多监狱，作出更严厉的判决，而非设法消除会滋生犯罪的生活条件，像是大城市的贫民区、失业，以及深植多人心中的绝望和无助感，特别是年轻人。同样，在对抗环境恶化时，基本情况也没有太大的不同。

产生这些问题的就是一些贪图利益、对生态不负责任的行为，而在对抗这些问题时，采取的则是贪图利益，却宣称对生态负责的行为。后者和前者的不同，只在于后者是通过清理混乱来获取利益，而非制造混乱。想要打赢这场特别的“战争”，也需要新的思想：要承认创造利益和达到增长，并不是商业成就的唯一标准，社会与环境责任跟商业成就同样重要，更是商业的一部分。

这一点不需要详加说明，只要这么说就行了：几乎在社会与经济活动的所有领域，以及在政治与私人领域里，当代社会的主流完全不理会爱因斯坦的警告。它企图解决这些由工业文明心态制造出来的问题，采取的方法却跟这样的心态相同：追求实例、搬弄是非以及以自我为中心的狡辩。我们正在迈向生态文明的时代，而用工业文明的思维方式去对待显然已不合时宜。

对于文明基本特性的想法产生改变，这种事情以前并不是没有发生过，历史上多个时代都曾出此案。在过去，新思想有的是时间慢慢孵化，因此改变的节奏相当缓慢，必须经过好几个世代的演进，人们的心态才能接受情况的改变。但这种缓慢改变不再可行，新思想的培育时期，已经压缩到单独一个世代。

在未来几年，新的思想和新的行动将会十分重要。没有它们，我们的全球化系统将会崩溃，陷入混乱。然而，如果我们没有抓住机会，选择一条更好的道路，崩溃真的会是我们唯一的命运。

虽然全球崩溃已经出现在雷达屏幕上，但想要达成全球突破仍然完全有可能。想要抓住另一种选择的机会，需要新的思想，而这种新思想将会促成一种新文明诞生——生态文明的系统思维理论。

美国人类学家米德说：“绝对不要怀疑一小群人改变世界的力量，没有别的东西拥有这样的力量。”甘地甚至坚持道：“你想看到这个世界出现什么改变，你自己就要成为这个改变。”他们说得没错，当你进化你的意识时，你就拥有了改变这个世界的力量。

为什么意识如此有力？答案就在手边：在一个决定窗口里，即使是很小的“波动”，都可以改变系统的命运。在一个更为进化的意识里，波动更是有力。一个更加进步的意识，代表了新的思想，是开启一个新文明的钥匙。接着，这个新文明就是获得幸福，甚至人类生存的钥匙。

我们知道，当一种现在还存在的物种遭遇灭绝威胁时，会面对一个严峻的选择：不是产生一种能够继续生存下去的突变，就是真的灭绝。这些物种如果想要生存，其成员在环境中维持自身生存的方式及其繁殖方式，都必须改变。如果是非人类的物种，为求生存而表现出来的大部分行为，都储存在基因码内。想要改变基因码，就必须在基因库里进行可以适应环境的突变。基因突变的过程很缓慢，却是可行的。适应环境的突变体能够加速繁殖，并且占据主导地位，而那些不能适应的，就会遭到天择的淘汰。

至于人类社会，情况则大为不同。当某种人口、文化或者文明的生存遭遇威胁时，如果不想走向灭绝，那么，其成员的生存与繁殖方式也一定要产生有效变化，但这并不需要在基因库里进行突变。虽然我们行为的某些层面储存在基因码里，但威胁到我们生存的价值观和信念，主要是受我们的文化影响。社会是文化编码，不是基因编码，我们的文化比我们的基因更有弹性。只要我们愿意，我们可以进行突变，但不必改变我们的基因库。文化突变可以蓄意启动，并且自觉地推动。下一个文化突变的定位——转向一个新文明——决定于我们意识的进化，这种进化依然成为我们集体生存的先决条件。

你可以帮助人类生存，你可以进化你的意识。有一个方式可以做到这一点，就是进入所谓的"意识改变状态"。平时清醒时的意识，只不过是我们拥有的多种可进入意识中的其中一种。有些意识改变状态是在深沉冥想者密集祈祷之后发生的，进入这样的意识改变状态尤其重要，它让你可以经历到和周遭其他人，以及和大自然合而为一的深刻感觉。在传统文化中，经常可以体验到意识改变状态，它们受到高度重视，被一再重复的仪式采用。现代人也接触得到它们，精神病学家葛洛夫已经将他的数千名病人导入这样的状态，他发现，即使是受过密集训练的心理学家，在经历这种意识改变状态时，也会转变到一种新的意识状态，将现代的机械论、唯物论和破碎的世界观摆放在一个完整、包容的梦想中。

航天员在太空中执行任务，亲眼看到拥有美丽光影的地球影像时，也会经历到意识改变状态。他们感受到和其星球家园的紧密关系，这种感觉会一直存在于他们的后半辈子。因为意外或生病而一度接近死亡的人，从这种意识改变经验中恢复之后，会用全新的态度看待人生。他们重新认识生存的喜悦，并更为尊敬大自然；他们发展出更深刻的人道和生态关怀，并能看出人们之间的不同是有趣且丰富的，而不具有威胁性，不管那个不同是在性别、种族、肤色、语言、政治观点或宗教信仰上。

经历过深沉意识改变状态的人就会明白，他们不能够对大自然采取任何行动，除非他们同时也对自己采取同样的行动。其他人，不管是邻居、远在世界另一头的人还是未来世代的人，更与他们分不开，其命运也同样值得他们去关心。

不是每一个人都能够进入深沉的祈祷或冥想，都接受过专业精神医师的治疗，都有过濒死经验或是搭乘宇宙飞船进入太空中，然而每个人都需要进化的意识。幸运的是，还有可以更容易进入这种意识状态的途径。你可以训练自己的内在和外在更加合而为一，让你的身体与意识达到更大的契合。当你身心合一后，就可以开始促使周遭世界也成为完整的一体。

你如何变成完整的个体？我们需要从自身做起。在愈益吃重的日常生活压力下，我们和自己、大自然以及生活中真正重要的事物，失去了接触。在现代世界里，这是一个长久存在的问题。《湖滨散记》作者梭罗在150年前写的一篇题为《没有原则的生活》的文章中，请求我们花点时间思考我们的生活方式。他说，这世界是一个做生意的地方。如果某人在婴儿时期就被丢出窗外，造成终身残废，他最大的遗憾，主要就在于从此无法做生意。“如果某个人因为喜欢大自然，而每天至少花上半天时间待在林子里，他很有可能会被当作一个游手好闲的人；但如果他整天都将自己视为一名投机者，把树木砍掉，让土地提早秃光，他会被认为是一位勤劳且具有进取心的公民。”梭罗说，世界上再也没有什么比这种永无休止的商业活动对生命本身造成更大的伤害，甚至连犯罪也比不上。

梭罗指出，当我们的生活停止向内心和私人领域探索时，交谈就会退化成纯粹只是闲言闲语。他说，我们很少会碰到一个人能够告诉我们一些新闻，而这些新闻不是他从报纸上看到或是从邻居那里听来的。随着我们内在生活的失败，相对地，我们会更常且更加绝望地走向邮局。“可怜的家伙抱着堆积如山的信件离开邮局，为自己的交游广阔感到骄傲，却已经有很长一段时间没有听到自己内心的只字词组。”今天，我们同样可以这么说，而且，我们甚至不用再去邮局了，只要打开计算机就行。

梭罗承认，他的自由自在引来旁人异乎寻常的嫉妒。他从事的些微劳动，让他得以维持生活，而且，对他来说，这样的劳动带给他一些乐趣，使他不会常被提醒这是一定要做的劳务。但他十分明白，如果他的生活需求增加得太多，为了维持生活而必须从事的劳动，将会变成苦差事。梭罗说，到那时，生活将变得无可留恋……

在现今这个时代，我们无法让自己从“连续不断的商业混乱”中解脱，并且像梭罗后来那个样子，在一栋森林小木屋里生活两年。但我们可以预约几个小时，且偶尔抽出一天时间，去接近我们自己、大自然以及周遭的所有人。这是通往内在成长的第一步，也是很重要的一步。

你要采取的另一步，就是接触你的身体。我们使用自己的身体，就好像使用自己的汽车或计算机，对它下达指令，要它带我们到达想去的地方，并完成我们想要完成的工作。我们根据脑中所想的过生活，只有很少时间和意愿用身体来过生活，这样我们慢慢地失去了脚下这片土地。

几种繁复的方法可以帮助你“脚踏实地”一点，包括传统的太极拳、气功、瑜伽、阿育吠陀及其他整体医疗方法与运动、新旧的呼吸技巧以及深层放松的技巧。即使是简单的运动，只要经常做，也可以帮助你和身体接触。很舒服地坐几分钟，全身放松，手放在膝上，闭上双眼。专注于你的身体，一点一滴地感受它，从脚尖开始，慢慢往上，最后来到头顶。感受你的呼吸——感受吸进的每一口气如何渗透到肺部，如何透过血管将能量运送到身体各部位。感受你身体的韵律，像是肌肉的微妙动作、心脏的跳动以及器官的运作。很快地，你将感受到完整的身体，并且开始觉得自在。你将会重新获得一些完整的感觉，这是现代人在日常生活压力和紧张之下所丧失的。

生存的压力与紧张，也会对我们的情绪与生活产生影响，这一点同样需要注意。并不是我们失去了情绪和接触，在大部分时间里，我们只是太了解它们了。然而，它们通常都是错误的情绪。消极的感觉，如愤怒、怨恨、恐惧、焦虑、怀疑、嫉妒、轻视、冷漠，有时在现代生活环境中，小时候的教育也往往强化消极情绪，像是做错事时受到的处罚和责骂，只有少数例外。爱与关怀这样的积极情绪只存在于家人和朋友圈中，但在工作压力和为了维持日常生活而产生的紧张情绪下，这些生活面经常被牺牲掉。

积极情绪也可以经由我们和大自然的亲密经验产生，像是凝视阳光下的草原或一处平静湖泊的宁静感、落日的美感、高山的巍峨感，以及暴风吞噬大海让人产生的敬畏感。但对于大城市的人们来说，这样的经验很少，也很遥远。即使当这些经验就在身边，像是在健行、骑脚踏车或打高尔夫球的途中，它们通常也只是处于次要地位，远远不及我们对专业目标和社交目标的追求，像是争取客户，或是以谈吐、最新流行时装来加深朋友、邻居对你的印象。

通常，我们大多数人都会陷入某种恶性循环的魔掌中：消极经验产生消极态度，并且进一步创造出更多的消极经验。这种循环一定要打破。你需要评估一下你的感觉，并且自觉地转变消极情绪。把怨恨换成爱、怀疑换成信任、轻视换成尊敬、嫉妒换成赏识、焦虑换成自信，这些纵然很难，但还是可以办得到。世界上所有的宗教和精神传统，都提供了许多方法来达成这些目标。另外，也有世俗的技巧。集体经验允许你分享恐惧和希望，就如同在进行各种精神疗法，包括引导我们再度体验过往的经验，像是童年、婴儿时期、生产甚至我们还在母亲子宫内的体验。

如果你真诚地企图净化情绪，那么，消极经验产生进一步消极经验的这种恶性循环，将会被积极经验产生更多积极经验的良性循环所取代，因而在家人、朋友、同事与社群之间产生谅解与同情。

重新获得你和其他人以及大自然的关系，整合你的意识和身体，转变你的情绪，这既是目标，也是手段。当你走进你的身体中并专注于你的意识，当你接触大自然及其他人时，你就可以向全世界敞开你的身体和意识，并且成为这种转型的积极部分。

东方智慧

世间万物形成了大自然生生不息的循环系统，形成了命运共同体共生的相互依存关系。

《尚书·洪范》中记载：“五行：一曰水，二曰火，三曰木，四曰金，五曰土。水曰润下，火曰炎上，木曰曲直，金曰从革，土爰稼穑。”五行是古人对世界上所有事物的运行循环的认知。

五行相邻相生，相隔相克。

相生：木生火，火生土，土生金，金生水，水生木，生为发展。

相克：木克土，土克水，水克火，火克金，金克木，克为平衡。

中医学里讲究五行、五气、五脏、五味、五色，它们彼此勾连、相互提携、相生相克。五行和谐与否直关身体运营，哪一项强了弱了都会出现相应

的身体症状。所以，命运共同体反映了机体五行的相克相生。

人作为生活在自然中的个体，在宏大的自然力量面前，如何做才能“形与神俱，而尽终其天年，度百岁乃去”呢？《黄帝内经》的理论里提出了“天人合一”的观念，认为人与自然是有机地紧密联系在一起的，只能“顺应天时”，不可“悖逆其道”。

《灵枢·邪客》说：“天有日月，人有两目。地有九州，人有九窍。天有风雨，人有喜怒。天有雷电，人有音声。天有四时，人有四肢。天有五音，人有五脏。天有六律，人有六腑。天有冬夏，人有寒热……”形象地把人体形态机能与自然界的现象一一对应，人体仿佛是一个缩小版的“天地”。有一句俗话说得很生动：“麻雀虽小，五脏俱全。”这就指出了动物的共同之处：大都具有五脏。为什么是“五脏”呢？

我们知道世间万物都是天地所生。“天地乃万物之父母”。现代科学所发现的“基因遗传”也证实了这种观点，既然我们承认“遗传基因”学说是科学可信的，那么以此类比，世间万物也就含有“天地的基因”，同时也会继承了天地的那些特性。那么天地都有哪些“基因”呢？

我们知道，日月星辰的运行，表现在我们生活的地球上就是“春夏秋冬”四季的轮回，其实根据《黄帝内经》的理论，一年是有五季的，还有一个“长夏”对应于脾胃中土。所以，我们通常说成“五运六气”，从而衍生了“木火土金水”的五行学说，可以说天地的“基因”，实际上就是“五行”。

我国位于“东方”，东方属阳木离火位，而“阳”是运动的、扩大的，所以历史上，东方人观察自然大多从“宏观”着手，于是就有了“上观天文，下察地理，中通人事”，“登高与思考”是东方人观察自然的主要手段；现代科学诞生在“西方”，西方属阴金坎水位，而“阴”是静止的、缩小的，趋势向下，所以现代科学观察自然是从“微观”着手的，实验室与显微镜是西方人观察自然的重要方式。因此中医不能发现“基因”，西医也无法解释“五行”。

《黄帝内经·气交变大论》原文：“帝曰：余闻之善言天者，必应于人。”

那么，我们该如何去做到“天人合一”呢？其实很简单，四个字，那就是：“顺其自然”。可别小看这四个字，想要完全做到是比较困难的。

例如天有寒热，其“寒”的时候，人就要添衣御寒，其“热”时，就要“避暑降温”，这就是最简单的“顺应”，基本是人的本能。总不成天寒地冻之际，偏偏要去游泳喝冰水，那就是“悖逆天理”，还不生病伤身吗？

就人体而言，“心”就是天上的太阳，为全身提供“温煦”之源。没有太阳，自然界的生物就不能生长。所以心脏是需要“温暖”的；“脾”与肌肉就是土壤，吸收输布水分精华，自然界水土流失会导致很多灾害发生，是以脾失调和就会导致营养不良；“肝”与经络就是湖泊江河，储蓄和流淌水液，“流水不腐”，所以经络不通也会产生很多病变；“肺”与大肠就相当于森林和植被，吸收氧气，排出废气，假如没有森林，环境破坏后的后果大家都知道了，同样理解，肺也是需要好好呵护的；“肾”与膀胱相当于地核和下水道，位置虽然比较深下，却无时不在地为人体做交换，下水道堵塞就会水浸，所以肾气不化会出现水肿。

五行既相克又相生，和平相生、和平相处缺一不可。

一、《黄帝内经》里的哲学思想

黄帝道：阴阳是宇宙间的一般规律，是一切事物的纲纪，万物变化的起源，生长毁灭的根本，有很大道理在乎其中。凡医治疾病，必须求得病情变化的根本，而道理也不外乎阴阳二字。拿自然界变化来比喻，清阳之气聚于上，而成为天，浊阴之气积于下，而成为地。阴是比较静止的，阳是比较躁动的；阳主生成，阴主成长；阳主肃杀，阴主收藏；阳能化生力量，阴能构成形体。寒到极点会生热，热到极点会生寒；寒气能产生浊阴，热气能产生清阳；清阳之气居下而不升，就会发生泄泻之病，浊阴之气居上而不降，就会发生胀满之病。这就是阴阳的正常和反常变化，因此疾病也就有逆证和顺证的分别。

所以大自然的清阳之气上升为天，浊阴之气下降为地。地气蒸发上升为云，天气凝聚下降为雨；雨是地气上升之云转变而成的，云是由天气蒸发水汽而成的。人体的变化也是这样，清阳之气出于上窍，浊阴之气出于下窍；清阳发泄于腠理，浊阴内注于五脏；清阳充实于四肢，浊阴内走于六腑。

水分为阴阳，则水属阴，火属阳。人体的功能属阳，饮食物属阴。饮食物可以滋养形体，而形体的生成又须赖气化的功能，功能是由精所产生的，就是精可以化生功能。而精又是由气化而产生的，所以形体的滋养全靠饮食物，饮食物经过生化作用而产生精，再经过气化作用滋养形体。如果饮食不节，反能损伤形体，机能活动太过，亦可以使精气耗伤，精可以产生功能，但功能也可以因为饮食的不节而受损伤。

味属于阴，所以趋向下窍，气属于阳，所以趋向上窍。味厚的属纯阴，味薄的属于阴中之阳；气厚的属纯阳，气薄的属于阳中之阴。味厚的有泻下作用，味薄的有疏通作用；气薄的能向外发泄，气厚的能助阳生热。阳气太过，能使元气衰弱，阳气正常，能使元气旺盛，因为过度亢奋的阳气，会损害元气，而元气却依赖正常的阳气，所以过度亢盛的阳气，能耗散元气，正常的阳气，能增强元气。凡气味辛甘而有发散功用的，属于阳，气味酸苦而有涌泄功用的，属于阴。

人体的阴阳是相对平衡的，如果阴气发生了偏胜，则阳气受损而为病，阳气发生了偏胜，则阴气耗损而为病。阳偏胜则表现为热性病症，阴偏胜则表现为寒性病症。寒到极点，会表现热象，热到极点，会表现寒象。寒能伤形体，热能伤气分。气分受伤，可以产生疼痛，形体受伤，可以发生肿胀。所以先痛而后肿的，是气分先伤而后及于形体；先肿而后痛的，是形体先病而后及于气分。

风邪太过，则能发生痉挛动摇；热邪太过，则能发生红肿；燥气太过，则能发生干枯；寒气太过，则能发生浮肿；湿气太过，则能发生濡泻。

大自然的变化，有春、夏、秋、冬四时的交替，有木、火、土、金、水五行的变化，因此，产生了寒、暑、燥、湿、风的气候，它影响了自然界的万物，形成了生、长、化、收、藏的规律。人有肝、心、脾、肺、肾五脏，五脏之气化生五志，产生了喜、怒、悲、忧、恐五种不同的情志活动。喜怒等情志变化，可以伤气，寒暑外侵，可以伤形。突然大怒，会损伤阴气，突然大喜，会损伤阳气。气逆上行，充满经脉，则神气浮越，离去形体了。所以喜怒不加以节制，寒暑不善于调适，生命就不能牢固。阴极可以转化为阳，阳极可以转化为阴。所以冬季受了寒气的伤害，春天就容易发生温病；春天受了风气的伤害，夏季就容易发生飧泄；夏季受了暑气的伤害，秋天就容易发生疟疾；秋季受了湿气的伤害，冬天就容易发生咳嗽。

黄帝问道：我听说上古时代的圣人，讲求人体的形态，分辨内在的脏腑，了解经脉的分布，交会、贯通有六合，各依其经之循行路线；气穴之处，各有名称；肌肉空隙以及关节，各有其起点；分属部位的或逆或顺，各有条理；与天之四时阴阳，都有经纬纲纪；外面的环境与人体内部的互相关联，都有表有里。这些说法都正确吗?

岐伯回答说：东方应春，阳升而日暖风和，草木生发，木气能生酸味，酸味能滋养肝气，肝气又能滋养于筋，筋膜柔和则又能生养于心，肝气关联于目。它在自然界是深远微妙而无穷的，在人能够知道自然界变化的道理，在地为生化万物。大地有生化，所以能产生一切生物；人能知道自然界变化的道理，就能产生一切智慧；宇宙间的深远微妙，是变化莫测的。变化在天空中为风气，在地面上为木气，在人体为筋，在五脏为肝，在五色为苍，在五音为角，在五声为呼，在病变的表现为握，在七窍为目，在五味为酸，在情志的变动为怒。怒气能伤肝，悲能够抑制怒；风气能伤筋，燥能够抑制风；过食酸味能伤筋，辛味能抑制酸味。

南方应夏，阳气盛而生热，热甚则生火，火气能产生苦味，苦味能滋长心气，心气能化生血气，血气充足，则又能生脾，心气关联于舌。它的变化在天为热气，在地为火气，在人体为血脉，在五脏为心，在五色为赤，在五音为徵，在五声为笑，在病变的表现为忧，在窍为舌，在五味为苦，在情志的变动为喜。喜能伤心，以恐惧抑制喜；热能伤气，以寒气抑制热；苦能伤气，咸味能抑制苦味。

中央应长夏，长夏生湿，湿与土气相应，土气能产生甘味，甘味能滋养脾气，脾气能滋养肌肉，肌肉丰满，则又能养肺，脾气关联于口。它的变化在天为湿气，在地为土气，在人体为肌肉，在五脏为脾，在五色为黄，在五音为宫，在五声为歌，在病变的表现为哕，在窍为口，在五味为甘，在情志的变动为思。思虑伤脾，以怒气抑制思虑；湿气能伤肌肉，以风气抑制湿气；甘味能伤肌肉，酸味能抑制甘味。

西方应秋，秋天气急躁，躁与金气相应，金产生辛味，辛味能滋养肺气，肺气能滋养皮毛，皮毛润泽则又能养肾，肺气关联于鼻。它的变化在天为燥气，在地为金气，在人体为皮毛，在五脏为肺，在五色为白，在五音为商，在五声为哭，在病变的表现为咳，在窍为鼻，在五味为辛，在情志的变动为忧。忧能伤肺，以喜抑制忧；热能伤皮毛，寒能抑制热；辛味能伤皮毛，苦味能抑制辛味。

北方应冬，冬天生寒，寒气与水汽相应，水汽能产生咸味，咸味能滋养肾气，肾气能滋长骨髓，骨髓充实，则又能养肝，肾气关联于耳。它的变化在天为寒气，在地为水气，在人体为骨髓，在五脏为肾，在五色为黑，在五音为羽，在五声为呻，在病变的表现为战栗，在窍为耳，在五味为咸，在情志的变动为恐。恐能伤肾，思能够抑制恐；寒能伤血，躁（湿）能够抑制寒；咸能伤血，甘味能抑制咸味。

所以说：天地是在万物的上下；阴阳如血气与男女之相对峙；左右为阴阳运行不息的道路；水性寒，火性热，是阴阳的象征；阴阳的变化，是万物生成的原始能力。所以说：阴阳是互相为用的，阴在内，为阳之镇守；阳在外，为阴之役使。

黄帝道：阴阳的法则怎样运用于医学上呢？岐伯回答说：如阳气太过，则身体发热，腠理紧闭，气粗喘促，呼吸困难，身体亦为之俯仰摆动。无汗发热，牙齿干燥，烦闷，如见腹部胀满，是死症，这是属于阳性之病，所以冬天尚能支持，夏天就不能耐受了。阴气盛则身发寒而汗多，或身体常觉冷而不时战栗发寒，甚至手足厥逆而腹部胀满的，是死症，这是属于阴盛的病，所以夏天尚能支持，冬天就不能耐受了。这就是阴阳互相胜负变化所表现的病态。

黄帝问道：我听说天属阳，地属阴，日属阳，月属阴，大月和小月合起来三百六十天而成为一年，人体也与此相应。如今听说人体的三阴三阳和天地阴阳之数不相符合，这是什么道理？岐伯回答说：天地阴阳的范围，极其广泛，在具体运用时，经过进一步推演，则可以由十到百，由百到千，由千到万，再演绎下去，甚至是数不尽的，然而其总的原则仍不外乎对立统一的阴阳道理。天地之间，万物初生，未长出地面的时候，叫作居于阴处，称之为阴中之阴；若已长出地面的，就叫作阴中之阳。有阳气，万物才能生长，有阴气，万物才能成形。所以万物的发生，因于春气的温暖，万物的生长，因于夏气的炎热，万物的收成，因于秋气的清凉，万物的闭藏，因于冬气的寒冷。如果四时阴阳失序，气候无常，天地间的生长收藏的变化就要失去正常。这种阴阳变化的道理，在人来说，也是有一定的规律，并且可以推测而知的。

黄帝说：我愿意听你讲讲三阴三阳的离合情况。岐伯说：圣人面向南方站立，前方名叫广明，后方名叫太冲，行于太冲部位的经脉，叫作少阴。在少阴经上面的经脉，名叫太阳，太阳经的下端起于足小趾外侧的至阴穴，其上端结于睛明穴，因太阳为少阴之表，故称为阴中之阳。再以人身上下而言，上半身属阳，称为广明，广明之下称为太阴，太阴前面的经脉，名叫阳明，阳明经的下端起于足大趾侧次趾之端的厉兑穴，因阳明是太阴之表，故称为阴中之阳。厥阴为里，少阳为表，故厥阴经之表为少阳经，少阳经下端起于窍阴穴，因少阳居厥阴之表，故称为阴中之少阳。因此，三阳经的离合，分开来说，太阳主表为开，阳明主里为阖，少阳介于表里之间为枢。但三者之间，不是各自为政，而是相互紧密联系着的，所以合起来称为一阳。

黄帝说：愿意再听你讲讲三阴的离合情况。岐伯说：在外的为阳，在内的为阴，所以在里的经脉称为阴经，行于少阴经前面的称为太阴，太阴经的根起于足大趾之端的隐白穴，称为阴中之阴。太阴的后面，称为少阴，少阴经的根起于足心的涌泉穴，称为阴中之少阴。少阴的前面，称为厥阴，厥阴经的根起于足大趾之端的大敦穴，由于两阴相合而无阳，厥阴又位于最里，所以称之为阴之绝阴。因此，三阴经之离合，分开来说，太阴为三阴之表为开，厥阴为主阴之里为阖，少阴位于太、厥表里之间为枢。但三者之间，不能各自为政，而是相互协调紧密联系着的，所以合起来称为一阴。

阴阳之气，运行不息，递相传注于全身，气运于里，形立于表，这就是阴阳离合、表里相成的缘故。

气，本是中国古代对自然现象的一种朴素认识，《周易·系辞》说："天地氤氲，万物化生。"这种朴素的唯物主义观点被引进医学领域，用于解释人的生理、病理现象，在中医学中逐渐形成了气的基本概念。认为气是构成人体和维持人体生命活动的最基本物质，同时以气的变化来阐释人体的生命活动。《素问·宝命 全形论篇》"人以天地之气生""天地合气，命之曰人"，即指出人是"天地之气"的产物。

人体的气是一种活动力很强的精微物质，它不断地运动，流行全身，无处不到，"升降出入"是气运动的基本形式。《素问·六微旨大论篇》说："升降出入，无器不有"，就说明人体各个脏器都在进行着升降出入的活动，气的升降出入是人体生命活动的一种表现。气的升降出入一旦停止，也就意味着生命活动的停止。《素问·六微旨大论篇》说："非出入则无以生长壮老已，非升降则无以生长化收藏。""出入废则神机化灭，升降息则气立孤危。"故气机失调则能变生出多种疾病。

《素问·举痛论》曰："余知百病生于气也，怒则气上，喜则气缓，悲则气消，恐则气下，寒则气收，炅则气泄，惊则气乱，劳则气耗，思则气结。"笔者认为这段话从情志过激、外感邪气、过劳所伤三方面论述了"百病生于气"的发病学观点，气机失调是疾病发生的基本病机。

（一）情志过激

《素问·举痛论》："百病生于气也，怒则气上，喜则气缓，悲则气消，恐则气下，寒则气收，炅则气泄，惊则气乱，劳则气耗，思则气结。”

七情是机体正常的精神状态，一般不会致病，但七情超过一定的限度，就会导致疾病的发生（情绪引发的病症），即“怒则气上，喜则气缓，悲则气消，恐则气下，惊则气乱，思则气结”。而且它们之间又可以相生相克，如“怒可制思（思伤脾者，以怒胜之），喜可制悲（悲伤心者，以喜胜之），悲可制怒（怒伤肝者，以悲胜之），恐可制喜（喜伤心者，以恐胜之），思可制恐（恐伤肾者，以思胜之）（以土制水），悲胜怒，喜胜悲，恐胜喜，怒胜思，思胜恐。”

怒则气上。《素问·生气通天论》说：“大怒则形气绝，而血菀于上，使人薄厥。”《素问·举痛论》说：“怒则气逆，甚则呕血及飧泄，故气上矣。”这是指过于愤怒可使肝气失去调达，疏泄功能失常，导致肝气上逆，气机逆乱。表现为面红目赤、呕血，甚则昏厥。

喜则气缓。《素问·举痛论》说：“喜则气和志达，荣卫通利，故气缓矣。”过喜可使心气涣散，精神不集中，情绪激动，甚至心神散越不敛，出现如痴、如狂、嘻笑不休等症。故《灵枢·本神》说：“喜乐者，神惮散而不藏。”

喜则气缓是指过喜使心气涣散，神不守舍，精神浮荡，气机弛缓。

悲则气消 。《素问·举痛论》说：“悲则心系急，肺布叶举，而上焦不通，荣卫不散，热气在中，故气消矣。”这是指过悲可使肺气抑郁，意志消沉，肺气耗伤而导致疾病。故《灵枢·本神》说：“悲哀动中者，竭绝而失生。”

恐则气下 。《素问·举痛论》说：“恐则精却，久则上焦闭，闭则气还，还由下焦脏，故气下矣。”这是指恐惧伤肾，肾气不固，气泄于下，表现为二便失禁、遗精等症。

“恐”是在七情之中最为负面的情绪。在《黄帝内经》中说：“恐则气下……恐则精却，却则上焦闭，闭则气远，远则下焦胀，故气不行矣。”恐惧让人“气下”，是因为恐惧是一种下行的力量，让身体内的气不能上行，让人的气血不能正常地向上升。俗语常说“被吓到遗尿”，假如一个人极度的恐惧，甚至会出现双腿软弱、周身发抖，这也是气往下而不能向上所致。

惊则气乱。《素问·举痛论》说："惊则心无所倚，神无所归，虑无所定，故气乱矣"。这是指由于突然受惊使气乱，导致疾病发生，表现为惊慌失措，惶惶不可终日。

思则气结。《素问·举痛论》说："思则心有所存，神有所归，正气留而不行，故气结矣。"这是指忧思过度，致脾胃运行失职，气血生化不足，营养无源，正气不足，邪气易于侵犯机体而致病，表现为腹胀、纳呆、便溏等症。

（二）外感邪气

自然界的正常气候是人体生长发育的必要条件，但是当气候的变化超过人体的承受能力时，就会导致疾病的发生。

寒则气收。《素问·举痛论》说："寒则腠理闭，气不行，故气收矣。"这是指寒邪侵犯人体，可使气机收敛，腠理闭塞，筋脉挛急。表现为恶寒发热、无汗、头身疼痛、肢节屈伸不利、肢端冷麻等。

炅则气泄。《素问·举痛论》说："炅则腠理开，荣卫通，汗大泄，故气泄。"这是指火热之邪使机体腠理开，大汗出，气随汗出而外泄。表现为咽干口燥、乏力、小便短赤、大便秘结等。

（三）过劳所伤

劳则气耗。劳是指过劳，过劳包括劳力过度、劳神过度、房劳过度三类。《素问·举痛论》说："劳则喘息汗出，外内皆越，故气耗矣。"这是指长时间过度劳累则伤气，气不足则不能抵御外邪，从而导致病的发生。劳力过度表现为乏力、神疲消瘦等；劳神过度表现为心悸、失眠、健忘、腹胀、纳呆、便溏等；房劳过度表现为腰膝酸软、眩晕耳鸣、阳痿、遗精等。

综上所述，气不仅是构成人和世界万物之本，气的失调也是形成疾病的根源，"百病生于气"是对人类疾病病因病机的高度概括，对它的研究有利于指导我们临床治疗疾病时从气论治，进而抓住疾病的根本，真正做到"治病求本"。

《黄帝内经》通篇告诉我们，人的身体各部分是相互依存、相互关联、相互影响、相互作用的命运共同体，某一区域出现状况势必会对整个身体带来影响。命运共同体的哲学就是一个整体观，一个系统论。

二、天之道利而不害，圣人之道为而不争

当人们认识到我们是一个命运共同体时，就应该学习水的精神，水的境界。

上善若水，水善利万物而不争，处众人之所恶，故几于道。

居善地，心善渊，与善仁，言善信，政善治，事善能，动善时，夫唯不争，故无尤。

——老子《道德经·第八章》

“信言不美，美言不信。善者不辩，辩者不善。知者不博，博者不知。圣人不积，既以为人己愈有，既以与人己愈多。

天之道，利而不害。圣人之道，为而不争。”

——老子《道德经·第八十一章》

《道德经》这段话告诉我们，真正可信的言语不华美，华美的语言不可信。善良的人忠厚老实不巧言善辩，巧言善辩的人不善良。有真知灼见的人不求知识广博，有广博知识的人不可能有真知灼见。圣人不私自积藏，他尽量帮助别人，反而自己更富有；他尽量给予别人，自己反而更丰富。天的法则是利于众人而不妄加伤害；圣人的法则是施惠众人而不与人争夺。

这正是人类文明公理的精髓，更是人类社会和平、和谐、共生、共享的基石。有了“为而不争，利而不害”的公理，命运共同体的世界秩序便有了重建的方向。

生态平衡

对自然的敬畏是生态文明的基本精神。

追溯文明的历史，道家古朴生态思想就体现着对自然的敬畏和尊重，“汝身非汝有也……孰有之哉？是天地之委形也。生非汝有，是天地之委和也”。强调人类的一切都不是人类自身拥有的，要与所有生物和自然环境和谐相处。人类不要妄自尊大，以自我为中心，将自然看成是自己征服的对象，做出掠夺自然、违背自然规律、危害自然生态环境的行为来。

人类敬畏自然是走向生态文明的基本精神。“万物负阴而抱阳，冲气以为和。”阴阳是宇宙演化中生生不息的内在动力，由于两者作用而推动自然循环往复、无穷无尽地运动着，循环演化是生态系统和谐之本、循环之源。

地球上因为生态系统的和谐循环产生了丰富多彩的生态环境，才有生机勃勃的万物，鸟语花香的世界，各类动植物一代又一代生生不息。

世界这个生态系统中，其生态平衡和生态循环是有规律的、自然的，人为无序竞争的行为，必将打破它的平衡和循环系统。一旦打破了生态的平衡，随之而来就会是生态恶化、生态灾难，甚至是生态危机，再反噬人类自身。

自然生态，还包含沧海桑田的变化。

“天地玄黄，宇宙洪荒，日月盈昃，辰宿列张。”

在地球形成的亿万年时间里，由于地壳板块的不断运动造成沧海桑田的变化，也形成各种地貌。

生态系统与人类家园息息相关。生态系统是指在一定空间栖息着的所有生物（生物群落）与其环境之间由于不断地进行物质循环和能量流动而形成的统一整体。人们在对生态系统的研究中，关于其范围和大小并没有严格的限制，小到动物有机体消化道中的微生物系统，大到各大洲的森林、动物等生物群落，甚至包括地球上的生物圈，或者是生态圈，它的范围边界是依据研究问题的特征来决定的。人们对生态系统的研究，多是研究生物群落和其无机环境，主要强调系统中各个成员的相互作用，因此这几乎是一个包含所有的生态网络。

生态的长期进化和生态系统所具有的结构和组成部分，决定了地球上大部分自然生态系统有维持稳定、持久、物种间协调共存等优点。生态经济学研究的最终目的，就是遵循自然生态系统的规律和原理，实现人类社会经济系统和自然生态系统之间的和谐共存，进而实现可持续发展。有关生态系统在生态经济学研究中的作用，在接下来的生态系统的组成结构和功能以及其平衡稳定几方面都会有论述。

一、生态系统有着完整的组成结构

生态系统的结构包括形态结构和功能结构，主要由非生物环境、生产者、消费者和分解者四个主要部分组成。非生物环境是指参加物质循环的无机元素和化合物、联系生物和非生物成分的有机物质，以及其他气候或物理条件；生产者是能以简单的无机物制造食物的自养生物；消费者与生产者不同，它们不能从无机物中制造有机物，只能直接或间接获取生产者所制造的有机物质，属于异养生物；分解者也属于异养生物，它会将动植物残体的复杂有机物分解成能让生产者重新利用的简单化合物，并释放出能量，分解者的作用与生产者恰恰相反。

地球上的生态系统包括很多类型，一般指生产者亚系统、消费者亚系统和分解者亚系统这三个亚系统。生产者通过光合作用制造复杂的有机物质，来增加植物生物量，这是生产过程；消费者摄取生产者生产的有机物，将其转化为自身所需的有机物质，增加动物生物量，这也是生产过程；分解者的主要功能与光合作用相反，是将复杂的有机物质分解成简单的无机物，这是分解过程。生产者、消费者和分解者这三个亚系统的生物成员，和非生物环境成分之间，通过能量与物质的循环形成高层次的生物组织，是物种之间、生物与环境之间协调共生、维持持续生存和相对稳定的系统，这是地球生物和环境、生物和生物长期共同进化的结果。在自然生态系统中找到协同共生、持续生存和相对稳定的机制，就会带给人类科学管理地球的启示，而达到可持续发展的目的。

二、生态系统进行着完整的物质循环和能量流动

物质循环和能量流动是生态系统的一个最显著的特征。一个系统维持和运行的前提就是物质循环，而推动和促进物质循环的就是能量流动。物质循环如果想要进行下去，就需要外界能量的不断输入，因此生态系统中的两个基本过程就是物质循环和能量流动，这两个基本过程让生态系统各个营养级之间与各种成分之间组成了一个完整的功能单位。

太阳能是生态系统维持和运行的能量来源。植物通过光合作用获取太阳能，并将无机物转化为有机物，让自己成长，同时还将太阳能转化为化学能，贮存在有机体内。然后，随着植物被动物逐级消费，能量便随着物质的流动而流动。最后，通过微生物的分解作用，将复杂的有机物制作成可溶性的化合物或者元素，同时将有机物中贮存的全部能量以热能形式释放出来。能量从植物摄取太阳能开始，到分解者分解有机物释放热能，和热能散发出生态系统为止，都是按照一定的方向流动的。所以，生态系统必须不断得到太阳能的补充，不然系统的运动就会停止，生态系统就会崩溃和消亡。

生态系统中的能量流动需要通过食物链，不同生物之间通过吃与被吃形成锁链式单向联系，这被称为食物链。生态系统的能量流动符合能量守恒定律，不会凭空产生，也无法凭空消失，只会从一种形式转变为其他形式，或

者是从一个体系转移到另一个体系中。在能量流动过程中，各营养层次间的能量转化效率为10%。能量转化效率一般采用“生态效率”的概念来描述，即生物生产的量和为此消耗的量之间的比值。能量在生物间传递，会有大部分的能量转化为热能，损失掉了，所以食物链是不能无限增加的。在人类的社会经济系统中，这个理论也有着很重要的现实意义。人类的各种生产过程，都需要利用各种能量。如今，人类主要使用的能源是地质历史时期形成的化石燃料，对于人类来说，这些都是不可再生的能源。因此，人类要采取最佳方式使用这些能源，还要在利用过程中提高利用效率，减少损耗，这也成为人类未来经济发展方面需要解决的问题。

化学物质通过无机环境进入生物有机体，然后经过生物有机体的新陈代谢、死亡、分解，再重新返回环境，这一过程就是生态系统中的物质循环。物质循环会在三个层次上进行：生物个体层次，在这个层次上，生物个体吸取营养物质来建造自身，再经过代谢活动把物质排出体外，通过分解者归还环境；生态系统层次，在初级生产者代谢的基础上，通过各级消费者和分解者将营养物质归还给环境，被称作生物小循环；生物圈层次，物质在整个生物圈各个圈层之间的循环，称为生物地球化学循环。水循环、气体循环和沉积循环被称为生物地球化学循环的三大类型。在生态系统中，所有的物质循环都是在水循环的推动下完成的，水循环是生态系统功能存在的基础，也是维持生命的基础。在气体循环中，循环具有全球性，而且性能最为完善，因为物质的主要储存库是大气和海洋，循环是以分子和气体的形式参与，循环速度快，来源充沛，不会枯竭。沉积型循环的主要储存库是与岩石、土壤和水息息相关的，像磷、硫的循环，起始循环的速度很慢，参与循环的速度也很慢，参与循环的物质——分子或化合物，主要通过岩石的风化和沉积物的溶解，并将其转变为能被生物利用的营养物质，而海底沉积物转化为岩石和其他成分，这一过程会相当漫长。

生态系统中的物质循环，在自然状态下，一般会处于稳定的平衡状态，即对于某一种物质，在各主要库的输入和输出量基本是一样的。大多数其他型的循环物质，像碳、氧和氮的循环，因为大气蓄库有很大，所以对于短暂的变化能迅速地进行自我调节，然后重新达到平衡。但人为活动对硫、磷等元素的沉积物循环影响会很大，因为与大气相比，硫、磷蓄库在地壳中比较稳定和迟钝，所以不容易被调节。这样一来，在循环中如果这些物质流入蓄库中，它们就会成为在很长时间内生物不能利用的物质。

地球上生物水平和生物地球化学循环因为人类的工业文明而受到重大影响。这些影响又反过来影响生态上生物水平和生物地球化学循环，然后再产生影响，生态系统的正常运行和人类的经济发展就受到这些影响的影响。在人类的经济活动中，物质循环被人类扰乱就是如今产生的主要问题。人类获取自然界中的各种物质，经过生产和消费后，又被排放到自然环境中，而这些物质在很多情况下，因为经过了消费和加工，性质会发生改变，所以这些物质就不会按照原来自然系统中的物质循环方式进行循环，出现延缓循环或是加快循环的现象，从而破坏整个自然系统的正常运行。而生态经济学就是根据生态系统的物质循环原理，寻找人类经济系统中物质循环的最佳方式，也就是说，让人类的经济活动，按照自然生态系统中的物质循环方式来进行，因为完全循环的自然生态系统中的物质，是不存在废弃物的。

生态系统中的两个基本过程是能量流动和物质循环，它们使生态系统各个营养级之间与各种成分之间组成一个完整的功能单位。因此能量流动和物质循环是生态系统运行的前提，是系统存在的基础。不仅自然生态系统中存在物质循环和能量流动，人类经济系统中也存在，甚至存在于整个地球大的生态系统中。能量流动推动物质循环，物质循环伴随着能量流动，系统因此得以正常运行。物质循环和能量流动在自然生态系统经过漫长的进化过程后，已经科学合理，能持续存在。人类在经济活动中要重视物质循环和能源利用中产生的问题，否则将危害到自然生态系统，对人类社会的影响也很严重。因此要想人类的发展以可持续的方式进行，就要研究自然生态系统中的物质循环和能量流动。

三、生态系统进行自我平衡与调节

生态学研究的主要问题就是生态平衡问题，而生态平衡指的是生态系统的平衡。国内外学者对生态系统的平衡提出了很多定义：坦斯利认为生态平衡存在于顶级群落，也就是生态系统的成熟期；中国生态学家则认为，生态平衡是指生态系统各部分的结构与功能，在一定时间和相对稳定的调节下，能处于相互适应与协调的动态平衡之中；还有人认为，当一个生态系统中，能量流动和物质循环过程在很长时期内保持稳态时，该生态系统中的有机体有最多的种类和数量、最大的生物量、最高的生产力，即平衡状态的标志。我们应该将生态平衡首先理解为一种动态的平衡，而且不同的层次和不同的发育期就是平衡的反映。在不同发育的阶段，不管是不同生态系统还是同一生态系统中，只要不是人为严重破坏，而且其存在的空间条件与其相适应，系统内各组正常发展，各种过程正常运行，就可称为生态平衡的系统。

因为人类的经济系统是建立在自然生态系统基础之上的，所以人类必须有适合的生存环境才能存在。也正因如此，人类的经济社会活动必须同自然生态系统相协调，只有这样，地球环境才能长期持续地发展下去。

进入混沌点的今日世界

欧文·拉兹洛的《世界走入混沌点》讨论了如何及时避免崩溃，尤其是平安度过混沌窗口时期。建立起这个星球上人类与自然资源的信任关系，超越个人、群族与国家利益的考虑而尊重之。这同样体现着人与自然、人与人之间是一个命运共同体的理念与思想。

欧文·拉兹洛正唤起我们身为现代智人的集体经验中最为觉醒的一刻。这是地球上首次有物种觉悟到会因为自己的行为而导致自身灭绝。或者说，他会自我进化，迈向无法预测的未来——这也是因为他自身的行动所造成。

这是呼吁人类迈向成熟的伟大呼唤。我们已经进入自觉演化的第一阶段，也就是从无意识演化到有意识选择的演化。我们这个物种终于了解了整个演化过程，并共同承担责任，来引导整个星球的人类进入这个演化过程。

《世界走入混沌点》这本著作的价值难以估量，因为它让我们置身于物种演化选择的关键时刻，并且在自觉演化或退化，以及自我毁灭的进程中，提供我们选择权。

诚如欧文·拉兹洛所写的，我们今天生活在一个很短暂的“混沌窗口”时期，这是系统演化的一个短暂时期。在这段时间，任何信息输入，不管多么微小，都会“引爆”，改变现有趋势，引进新的趋势和过程，并让其存在。某个混沌点在启动后无可挽回地进入一个新轨道，不是走向崩溃，就是迈向新的结构与新的运作模式。

詹纳斯·索克形容这种情形是介于 A 纪元和 B 纪元之间的一个危险过渡期。A 纪元指的是目前纷沓而至的一连串危机，它正引导我们迈向人类文明的崩溃；B 纪元则是指一种可以永续发展、再生、不断进化的未来。我们可以预想一个如此正面的将来，我们可以盼望它，努力向它迈进。但我们如何自觉地从 A 纪元“跨越鸿沟”，来到 B 纪元，并及时避免崩溃，尤其是在我们以前从未经历过、且没有专家了解整个过程的混沌窗口时期？迄今为止，没有人被教导过如何去推动一个星球的进化。

引用欧文·拉兹洛的说法：

当一些关键性的过程，诸如社会出现冲突与压力、经济资源分配不公、重要的生态平衡出现退化等，进入到无法挽回的阶段时，这个混沌点便会来到。我们的系统将会向着特定的轨道发动，不是迈向崩溃，就是获得突破。究竟会选择哪种轨道，并非事先可以决定。目前的决定窗口有着高度的不确定性，因此也有着高度的自主性。

这是因为意识的存在。社会制度中高度自觉的成员可以掌握演化过程的本质，这些本质就展现在他们周围，他们可以刻意干预。在某个决定窗口里，个人可以自觉地创造出虽然很小却有着潜在力量的波动，它们可能会“引爆”开来，使人因之能够决定他们的社会将采纳的演化途径。人们可以使整个系统倾向符合他们希望与期盼的那种演化。

欧文·拉兹洛很聪明地描绘出崩溃与突破两种场景，给了我们所需要的引导，让我们能够改变意识与创造力，导向已经在我们当中出现的新文明。

我们实际能够做些什么，才能度过混沌窗口这段如此短暂的时期？

拿女性生产来比喻，新人类好像已经躺在产台上待产。我们了解难产的危险，也看到一旦通过产道就能够获得成长的机会。但身为这个星球的助产士，我们能够做些什么来确保往后几年安然度过，且不会造成地球生命进一步被强烈破坏？

有鉴于转型期间十分短暂这一演化现实，且让我们想象和演练出一个场景，希望能够帮助我们及时度过混沌窗口。当然，没有人确切知道这种场景会如何发生，然而，对于可以采取哪些集体行动，这里有一个有学识基础的假设，告诉我们可以一起从事哪些几乎已然存在的行动。

笔者认为，必须专注于两个要素：

天之道利而不害，圣人之道为而不争。

欧文·拉兹洛描述说，这个时间框架同时拥有很多面向预言和科学的基础，甚至更重要的是，这个时间窗口已经吸引来大规模的公共利益和事件。在建立之后，经由正面的大量统合和联结，它可以被我们用来跳过混沌窗口。

强化的社会协同、沟通与对话系统的新汇流，这两种结合，也许就是演化方程的自然单元，用以建立早已迈向新文明的非线性指数交互作用。

我们如何才能够及时加速社会协同？已经有很多团体努力达成社会协同、社会革新和各种形式的合作与正向媒体。它们能够设法在自身当中协同一致，直到我们把已经协同的部分组织起来为止。

我们也需要网络上的一种超级创新，把已经在每一种领域和功能里出现的创新，加以联结和沟通。这种支援所有创新的超级创新有一个名字，就叫“协同引擎”。网络协同引擎（搜索引擎之后的下一步）的演化功能，就是根据我们在每一个领域中逐渐成长的能力，进行扫描、绘制、联结和沟通有用的东西，动员所有有效的行动。

欧文·拉兹洛告诉我们：“透过联结先前相对自主的系统，形成更高层次的超系统……物理学家艾根也已明白指出，透过自动和交叉催化循环进行的超系统，其形成就是这个星球上所有生命的演化基础。”

协同引擎就被构想成是这样一种系统，能够提升到帮助数以百万计的人去联结、联合创造、寻求共同目标，并且以个人专业范围、跨领域和整个系统内的资源，来满足需求。

它已经成为我们这个星球的一种联想记忆系统，充满跟我们的成就、突破和潜能有关的信息和知识。它本身具有突现性质，是从过去十年造成信息和通信进步的那些天才之中显现出来的。最后，我们希望，我们来共同建立一个“全球和平室”，像我们的战情室那般精密，能够追踪到各种创新和成就，用来对抗我们的共同敌人：饥饿、环境破坏、贫穷和战争；同时，经由内心建立起全球的统一和联结。

一、新文化的整体论

“文化”一词，在此代表价值观、世界观、人类渴望和风俗习惯的总和，这些都是个别群族的特色，使得群族与群族之间有所区别。当我们提到西方文化、本土文化、东方文化，以及整体文化或非暴力文化时，我们指的就是这些。当我们以这种方式定义文化，很明显，各种不同的新文化正逐一出现，它们都是“次文化”（或者说“另类文化”），因为它们和主流文化不同。这不是特例，一个社会很少只拥有单独一种庞大的独占文化。在创新和创意发酵的时代，大量的另类文化可能和主流文化并存。

在工业社会里，其中一种另类文化尤其有趣。组成这种文化的人，正在重新思考他们的偏好、优先考虑、价值观和行为。他们从大量消费，转向注重质量的选择性消费，考虑到商品在生产和使用上对环境的友善程度、永续发展性和伦理道德。在这个文化里，原来那种浪费物质和能源的虚荣生活形态，逐渐转为健康的生活形态。人们自愿过着简单的生活，从大自然中寻找道德与和谐。

价值观和行为方面的改变，虽然一般都会被决策者忽视和低估，但它们却是迅速而富于革命性的。它们发生在社会的所有层面，而以社会边缘部分最为密集。在这儿，一些草根运动会从主流里跳跃出来，进行自我改革。这些团体很难被看出，因为他们大部分的成员只是过着原来的生活，不会想去改变别人，或是引起别人的注意。他们低估自己团体的人数，也缺乏社会组织和政治凝聚力。然而，这些更为严肃和真诚的文化，值得大家去认识。跟秘教文化和教派不一样，这些文化的成员并不从事反社会活动，也不沉溺于杂乱的性行为，更不会寻求孤立。相反，他们重新思考已经被大家接受的信仰、价值观和生活方式，勇敢地选择新的道路和社会行为，这些才适合他们的远见和潜能。加入这些团体的人，都被这样的渴望团结起来，希望过更简单、健康、完整和合乎道德的生活。他们被眼前所看到的吓坏了，那是现今社会人类的冷酷无情和疯狂毁灭。城市内部的疏离感和暴力不断出现，向着无政府状态和种族偏执的方向前进；警察和军队对这些情况束手无策，社会与工人之间的契约瓦解消失，失业和流落街头的人数不断增加。以上这些都促使他们改变想法。

加州的思维科学研究所发现，出现在美国的这些充满希望的次文化中的变化，包括以下在价值观和行为上的改变：

· 从竞争转变到和解与合伙。

· 从贪婪和匮乏转变到富足与关怀。

· 从外在权威转变到内在权威，即从依赖外在来源的“权威”转变到依赖内在来源的“认知”。

· 从机械系统转变到生命系统，即从根据机械系统塑造的世界概念，转变到一种远见与方法，根基于晓谕生活领域的原则之中。

· 还有，也许是最重要的，从隔离转变到完整，即重新认知生活与现实所有层面的完整与相互关联。

一个重要的转变发生在消费行为的领域里。在《2010 大趋势》（尽管书名叫“大趋势”，但讨论的并非对优越趋势的推断，而是探讨一种新激进运动的出现，这种新运动有可能发展成一种重要趋势）这本书里，派翠西亚 · 奥伯丁追踪所谓“自觉资本主义”的兴起，它以意识的消费形态于市场上出现。在 21 世纪初，美国的价值驱动商业市场总值已经达到 2300 亿美元，《纽约时报》说这是“你从未听过的最大市场”。自觉消费者，通常被称之为“乐活族”（健康与永续发展的生活形态），在以下五种快速成长的经济领域中快速聚集：

· 永续发展领域，包括健全的生态结构、可再生能源技术，以及富有社会责任的投资。

· 健康生活领域，出现在市场上的诸多自然和有机食品、营养补充品以及个人保养品。

· 另类保健领域，包括健康中心、辅助与另类医疗服务和健康保健。

· 个人开发领域，包括研讨会、进修课程以及在身心心灵领域分享的经验。

· 生态生活文化领域，包括生态产品、回收或可回收产品，以及生态观光。越来越多的人在文化和行为上出现这样的改变，这是值得欣慰的。

在美国这个工业化的中心，一种整体去向的另类文化正在快速成长。这是最近一连串民意调查后得出的惊人结论，进行调查的机构与个人，目的是在追踪美国人思考与行为的变化情况。

位于加州的全球觉醒基金会进行了一项调查，希望了解不同背景的人所持有的共同价值观与信念。这项调查名为“2000 年自我表述研究计划”，共区分出八种美国人类别。调查发现，在 1600 名受访者当中（这些受访者都是经过挑选的，因此才能代表美国社会的各个层面），14.4% 以物质世界为中心，14.2% 不关心社会议题，12.1% 拥抱传统价值观，10% 谨慎而保守。这些加起来等于美国的半数人口，即保守、传统的一半。另外，11.9.% 寻求通过自我探索来联结他人，9.4% 坚持通过苦难与他人联结，11.6% 寻求社群转型，16% 则努力追求此次调查所定义的一种“完整的新生活”。这些构成更具创意和（至少有一部分）追求改变的另一半人口。寻求社群转型和努力追求完整新生活的人士，占了受访者的 28%。

全球觉醒基金会的发现和另一项调查结果相吻合，即针对美国民众生活和消费形态进行的美国生活调查，从 1990 年初期开始就定期进行。主要的研究人员保罗 · 雷伊，将美国特别有希望的另类文化成员称作文化创意者。创意文化和传统文化正好形成强烈对比，传统文化者希望选择主流文化，留住过去的时光。

二、采纳新的道德观

在一个健康的社会里，它的成员会分享一种共同的道德观。他们会以一种基本相似的方式，去了解什么是对和错、好和坏。如果没有一种共同的道德观，人们就无法立即分辨什么是对的和错的，什么是合乎道德的和不道德的。但在跨越一个国家和文化的界限后，原本将人们团结在一起的那些道德观，已无法再对人们提供指引。在某个文化和社会中被认为合乎道德规范的，在另一个文化和社会中，可能就不被接受，甚至可能受到斥责，结果就会造成国际和文化间的紧张与冲突。

在一个互动频繁且相互依存的世界里，急需一种能够被所有人接受的道德，不论你住在什么地方。这种道德并不需要消灭现代人类与文化的差异，也不需要质疑他们的道德敏感度。真正能够被全人类接受的道德观，会把今天各种不同的人种和文化串联起来，建立在大家都可以分享和接纳的信念与目标上。这种新道德观尊重人们在各自文化中的个人道德和道德原则，但加入了更为包容的价值观和原则。

我们的各人价值观会因为每个人的个性、抱负和环境而各自不同。个人道德观反映出我们的独特背景、遗传、家庭及社群的状况。如果我们的社群想要维持必要的凝聚力，以让它能够正常运作，我们通常会选择和其余人共享的文化道德观，这种道德观正好可以配合我们社群的文化、社会结构、经济发展和环境。这些地方与区域性的道德观，如果加进跨国界和跨文化的层次，就会提升成为全球性的道德观。它不会规定个人、国家和文化道德的性质，只会确保这些道德观不会促成对全球生态有害的行为。

全球性的道德观如何在社会中出现与扩散？传统而言，制定道德规范是宗教的任务。犹太教和基督教的十诫、伊斯兰教的教徒守则、佛教的生活戒律，都是最好的例子。今天，科学的强势已经减少了宗教教义规范人类行为的力量，很多人从科学中寻求指引。然而，正统科学无法提供能够作为全球性道德基础的原则。18 世纪末和 20 世纪初的巴尔干，都曾尝试发展出以“实证的”科学观察和实验为基础的原则，作为有意义且能够被大众接受的道德观。但这些尝试，对承诺要保持价值中立的正统科学界来说，太过于陌生。因此，一直到 20 世纪之前，都未被大多数科学家采用。

在 20 世纪 90 年代，科学家和政治领袖开始看出有必要提出一些能够为全球性行为规范的原则。1990 年 4 月，由 24 位前国家或政府元首组成的国际行动委员会发表了《世界人类责任宣言》，当中宣称："因为全球相互依赖的需求，我们必须彼此和谐相处，人类需要规范和限制。道德是使集体生活形成的最低标准，没有道德和由此而生的自我约束，人类将无法恢复到最适者生存的态势。这个世界需要一个能够让它站起来的道德基础。"

由全球顶尖科学家组成的"科学家关怀联盟"也发表了一致的看法。1993 年，来自 70 个国家的 1670 名科学家（其中包括 102 位诺贝尔奖得主）签署一项声明，宣称道："我们需要新的道德观。这种道德观一定要激发出一场大运动，说服不情愿的领袖、政府与人民自身去进行必要的改变。"这些科学家指出，我们有关怀地球的新责任，并且警告："我们对地球和其上生命体的态度需要做大幅度的改变，如此才能避免人类大悲剧的发生，我们在这个星球上的集体住家也才不会遭遇无可挽回的破坏。"他们认为，人类和自然界正处于迎头碰撞的情况。这种情况也许会改变现有的世界，最后变成无法维持我们所知道的生命形式。

2003 年 11 月，一群诺贝尔奖得主在罗马集会，重申道："国家之间和国家政策与政策之间关系里的道德观，极具重要性。一个国家对待其他国家，必须如同他们希望别的国家如何对待他们。力量最强大的国家必须记住，他们怎么对待别的国家，别的国家便会同样地回报他们。"2004 年 11 月，同一群诺贝尔奖得主再度宣称："唯有再次肯定我们共同的道德价值——尊重人权和基本自由——以及在国家内部和国与国之间遵守民主原则才能击败恐怖主义。我们一定要根除造成恐怖主义的根本——贫穷、无知和不公——而不是用暴力来回应暴力。"

毋庸置疑，现在已经到了必须注意是否有一种新道德观存在的时候。这种新道德观必须能被地球上所有人接受，不论他们的教义、宗教、种族、性别或世俗信念是什么。这种新道德观一定要有直觉的吸引力，并且触及存在于所有健康个人身上的基本道德本能，这将促进人们的思想进步。目前全世界受到支持的道德观就是自由主义，这是英国正统派哲学家边沁、洛克和休谟等人留下来的概念遗产。人们不再被组织去追求自身利益，只要他们遵守让生命得以在文明社会里生存的那些规则。“自己活，也要让别人活就是自由原则，你可以按照自己喜欢的方式去生活，只要不违背法律就可以。”

在今天的世界里，正统自由主义却造成一种不合时宜的宽容。让每个人按照自己喜欢的方式去过活，只要他们不违反法律，这隐含了一种很严重的危险。有钱和有权的人可以消耗掉不成比例的资源（他们也确实这么做了），而这些资源中有很大一部分是穷人合法拥有的。结果，不管富人或穷人，全都可以对所有人必须分享的环境造成无可挽回的破坏（他们也确实这么做了）。

不只是“自己活，也要让别人活”，我们还需要一个跟自由主义那样具有直觉的意义和吸引力的道德观，而且更能适应目前人类生存的情况。像这样的道德，可以用甘地的“生活简单，别人就能活命”来取代自由主义的“自己活，也要让别人活”。

遵守甘地的劝告，在今天比以往更为急迫，也更容易实现。今天，我们已经体认到过着简单生活并非落伍，而是正好相反，简单生活就是自由选择的果实，能带来更大的个人幸福和更深层的生活意义。这样的生活可以让社会和生态获得永续发展，也是对今天和未来世代地球上的所有一切负责。

当然，主要的考虑重点并不是我们的生活形态本质是否单纯，而是这样的生活对我们的社会和自然的影响。这种影响一定不可以超越这个星球提供给所有人基本需求的能力，因此，那种道德观确定原则就是我们的生活形态要能够让所有其他人幸福生活。

原来高尚但现已过时的教诲“自己活，也要让别人活”，还是继续存在。然而，如果所有人使用或过度使用私人汽车、吸烟、大量吃肉，并且仍然使用大量的电器用品、过着富足的生活，那么，这个星球的必要资源将快速耗尽，它的自我再生能力也会大为减少。

如果发展中国家人口继续燃烧煤炭发电、用木头烹煮食物、遵守过往经济政策，却同时过着西式生活、享受开车和西式消费习惯，那么地球供应资源的限度也会很快被超越。唯有富人和穷人同时都拥有上述的道德观，人类才有机会踏上通往我们共同未来的积极道路。

美国总统杰斐逊说，如果你认为人们未被充分告知如何在社会中行使他们的权利，民主的解决办法并不是将权利从他们手中夺走，而是充分告知他们，这并不是无法实现的做法。如果人们能够了解需要共同遵守的原则、如何确保生存，接受它也并不需要做合理的牺牲，他们就会有所回应。

人类的生存，与全球社团的团结合作，以及对大自然完整性的尊重，关联十分密切。如果我们继续采取现在的行动方式，目前的决定窗口将带领我们来到一个混沌点。到那时候，我们的系统将倾向一条退化的道路，社会将因为恐怖主义和犯罪而动荡不安，国际关系将受到战争和偏狭主义的破坏，生物圈将变得对人类不友善和不适居，农业土地流失，气候变得十分恶劣，海平面上升，以及无法与我们共存的微生物不断扩散。

我们也可以明白表示，尊重他人并不代表牺牲自我，以能够让别人活得同样快乐的生活方式，并不表示我们必须自我放弃，我们还是可以继续努力追求卓越与美丽、个人成长与享乐，甚至舒适与奢侈。我们会根据欢乐的质量和它们提供的满意程度，来定义生活中的快乐和成就，而不是根据它们会花掉我们多少钱，以及它们的生产和使用要消耗掉多少原料和能源。

三、梦想你的世界并对它采取行动

1968年肯尼迪在争取美国总统提名时说："有些人只看到眼前事物，并且说，为什么；我则梦想还未到来的事物，并且说，为什么不。"去梦想你希望看到的世界，绝不是指一直沉溺于空转的幻想中。今天，我们生活在一个将要决定未来的时间窗口里，肯尼迪的名言比以往更为中肯。

在《一千零一夜》的故事里，梦想愿景世界的力量，表现得相当清楚：

在古代阿拉伯，哈兰的儿子马孟继承了一座城市。当他继位后，他发现这座城市陷于混乱正处于崩溃边缘。波斯商人在市场与城里和当地居民发生争执，居民发现对方懦弱可欺，于是变得十分凶狠，不但抢夺商人，还对他们暴力相向。

有人向这位年轻王子建议，要他制定一套新法律，并且严格执行。他这样做了，但结果造成混乱加剧，城里居民反而变得更穷，商人纷纷避走这座城市。在绝望中，马孟想出了一个方法。他秘密找来一群外国工匠，把他想出来的设计图纸交给他们，命令他们用象牙和宝石制作了一座超级美丽的城市的模型。模型完成后，他慷慨地奖赏他们，打发他们离去。到了晚上，他把这个模型带到城里的大清真寺，将它藏在幕布后面。

马孟接着发布一道法令，规定从城门进入这座城市的每一位旅人和商人，首先都要被带到这座清真寺膜拜，并且发誓对他们看到的保持缄默。那座模型接着展示在他们面前。城里的居民很快就发现，这些陌生人的态度出现了很大的转变，因为他们见到了一座高贵城市的形象，但是他们不能，更不敢说出来。居民们也要求去看看这座模型，而这正是马孟所希望的。他们获准进入清真寺，一个接一个，并且看完后同样要保持缄默。

现在，情况开始明朗，有艺术气息的统治者比只知道法律的统治者更成功，因为城里居民在看到这座模型后态度有所改变，他们开始很和平地做生意。秩序、欢乐和财富默默地回到城里来，整座城市终于改头换面，马孟终于继承了一个跟他梦想很相似的城市。

在我们这个时代，已经没有必要用象牙和宝石去建造一座和平并且井然有序的城市模型，只要我们梦想它，尽可能具体地想象它，这就够了。我们已经试图“梦想”一个和平且可永续发展的文明。对长远未来和人类整体的梦想，可以在此时此地实现。这样的任务，只有你和跟你一样的其他人才能完成。你应该运用你自己的创造力和想象力，并且问道：这是未来的可能发展，我们的世界为什么不会是那个样子？例如，是什么阻止你居住的街坊、城市、小镇或村庄无法成为像下面这样的地方：

· 每个人都可以安心地在这里居住、工作、抚养小孩长大；所有人都可以享受这里的小区服务和大众运输。

· 在这儿，没有人会遭受边缘化、绝望、饥饿和失业，也不会在小区运作和未来发展的讨论上遭到噤声。

· 这里的政府代表和城镇官员都相当诚实，消息灵通，并且能够照顾小区内所有人的利益。

· 这里的学校和医院都很干净，有很好的工作人员，他们都很能干，能够满足小区所有人的需求。

· 这儿的空气清新，河流和湖泊未受污染，公园整理得很干净，每个人都可以享受这儿的原始环境。

· 这里的居民对于如何消费和要丢弃什么都很小心地选择，他们会把废弃物丢进正确的垃圾桶，也会在狗儿于街头排便后，主动将粪便收拾起来。

· 这里的人都十分和善地彼此打招呼，主动询问每个人的需求，做起事来全都彬彬有礼。

你看了看眼前的景况，并且问道，为什么事情会是这个样子（这和你梦想中的情况有很大的不同）？这时，你会碰到一大堆复杂的解释和一大团尚未解决的疑问。但如果你敢于做梦，并和朋友及邻居分享你的梦想，也能问道“为什么事情不像我梦想的那个样子”，那么，你将会发现答案，以及一同努力寻找把这个世界改造得与你梦想相似的方法。

四、混沌点的预言

越来越多的新思潮开始浮现，把混沌点的来临和世界末日联结在一起。有人质疑这种假设，甚至宣称所有有关混沌点的说法都是错误的，这个世界就像今天这样，不会再改变，至少在我们有生之年看不到。其他人的观点却正好相反，他们宣称一切已经太迟了，混沌点早已过去。表达这种观点的，就是英国科学家洛夫洛克，他在 30 年前指出，地球拥有一种全球规模的控制系统，使得地球适合生命体的存在。这就是盖娅假说。洛夫洛克认为，这套“盖娅系统”已然失控。“我想，我们已经没有太多对策”，他在《盖娅的复仇》一书中写道：“但是，还是要先准备好如何对付最糟糕的情况，并且要假设我们已经跨越门槛。务必要把地球的实质情况看成是患了重病，很快会进入一个热病期，可能会长达十万年之久。”之所以出现这种悲观的评断，主要原因是全球暖化，大气层不断加热，将会创造出一个“气候地狱”。温带地区的平均温度会上升 8℃，热带地区则会上升 5℃。

洛夫洛克的论点是对的吗？我们是否已经来到一个灾难性的混沌点？进一步观察他的论点，我们发现还有更积极的评断空间。洛夫洛克有关地球生物系统动态的推论是很合理的，但他没有了解到，处于混沌点门口的不仅只有大自然这个动态系统，还有人类。人类社会跟地球生态十分相似，并不能无限制地加以压迫。他们迟早会来到一个临界点，而在到达这个点时，一定会倾向于某一边。当来到这个混沌点时，他们就会变得极其敏感，并能够进行快速的转变。混沌点带来的危险及机会，适用于大自然和人类体系。

人类社会混沌点的到来，会不会正巧碰上一些预言？很多人说，会的，但这种说法需要证实。最重要的是，他们指的是传统与高度神秘的预言。是不是也有科学证据来支持他们？

五、预言

有很多预言提到某个时间是人类生命与文明的一个重要混沌点，其中最重要的，无疑就是玛雅人的预言。玛雅人把文明看作是一种循环过程，每隔一段固定的间隔，就会从这个循环的一个阶段转进到下一个阶段。

这种循环概念并非玛雅人独有。循环存在于大自然各处，也几乎在所有文化里可以见到。在生物圈中，有些循环是每日一次，其他的则是每季或每年一次。大约 24 小时的生理节奏循环，配合着白天与夜晚的更替，管理着我们身体的诸多功能。海水的潮起潮落反映出月球、太阳与地球相对位置的变化。太阳活动周期显示出长达约 11 年的太阳黑子发生频率，在每一个周期里，太阳周期会呈现最多和最少的变化。

从历史中也察觉到循环的存在，它们被视为“伟大时代”的来临与逝去。

这包括占星学上所说的“大年”，一循环约为 26000 年（根据春分或者秋分的运动而定）；以及印度教宇宙论里的“由迦”，一个特定的纪元，由沙特亚、特瑞塔、杜瓦帕和卡力四个时代的循环组成。很多神话都提到天文循环，很多文明也试图绘制出它们主要的转变循环。天文历是传统文明在生活中的重要参考，其中最著名的就是玛雅圣历“卓金历”，存在于哥伦布发现美洲新大陆之前的墨西哥与中美洲宗教里。这是玛雅人最熟知的历法，以 269 天为一周期。

几位现代历史学家，包括汤因比和索罗金，都提出了一种循环史论。汤因比把文明看成一种运动，而非状态，展现出的是一种生命循环，其中 8 年是孕育期，80 年是实质的自我表达期，800 年则是整个生命周期。

玛雅人对历史的诠释则深植于他们的历法之中，由他们的天文祭师在 1479 年完成，然后刻在阿兹特克——玛雅的太阳石上。玛雅历详细列出时间的长期进程，其中还包括相当准确的计算，而且因为计算得太准确，至今还让现代天文学家想不透古代人怎能算出这样的结果。

相关的计算就是所谓的长算。猎豹纪，也就是第 13 个白克顿（一个白克顿为 144000 天），到 2012 年 12 月 21 日结束。这也代表第四太阳纪的结束，以及进入一个新纪元。玛雅历没有预测第四纪结束时，世界本身是不是也会跟着结束。相反，2012 年 12 月 21 日是“第五太阳纪”世界的开始。

并不是只有玛雅人预测世界会转变，天文学家根据他们自己的系统注意到，在 2013 年 12 月 20 日日出时，太阳正好与银河和黄道面的交叉点结合，因而创造出宇宙大十字。我们星系的中心将完成一个宇宙年，也就是环绕黄道带一段长达 25920 年的旅程。从天文学而非占星学来看，这个周期关系到地球轴心的转动。我们的星球大约偏离垂直 23 度，就像个微微失去平衡的旋转陀螺。在这种情况下，天极要花上 25800 年才能绕完一整圈。

这种宇宙合相，发生在 1980 年到 2016 年之间 36 年的时间窗口里。玛雅人知道这种情况，但他们显然故意选择 2012 年作为一个重要节点，即使它甚至并非这个窗口的正中间。在 2012 年冬至，地球轴线将精确地指向

“银河核球”，就是我们银河系的中间隆起部分。这也被其他古文明传统视为一种基本的重新排列，包括印第安霍皮族的计时制度、古印度吠陀和伊斯兰占星术波斯的太阳神教、犹太秘法、欧洲神圣地理学、中世纪基督教建筑学，以及各种深奥难懂的形而上学。

神秘主义哲学家麦凯南根据《易经》的数学运算，算出了这个日期。麦凯南的时间波动函数可以算出宇宙新奇事件发生的频率与数目。伟大的新奇时期开始于距今大约 40 亿年前，当时正好是这个星球之初，并且一直持续了 6500 万年，才来到我们的时代——当时恐龙已经灭绝，哺乳动物开始分散到各个大陆。在公元前 15000 年到公元前 8000 年间，也就是新石器时代和人类开始定居耕种这段期间，新奇事件大量出现。另一个新奇事件大量出现的时期，发生在公元前 500 年左右，当时的历史舞台上出现了老子、柏拉图、查拉图斯特拉、释迦牟尼和其他精神领袖人物。根据他的计算，他算出了连续几波的新奇波，分别是在 18 世纪末的社会与科学革命纪元，动荡的 20 世纪 60 年代，以及 21 世纪初，那正好碰上“9·11”恐怖袭击。接下来的新奇高峰落在 2008 年 11 月，正好是美国选举变革的日期；另一个新奇波则在 2010 年 10 月。这些新奇波将会在某个时间达到最高点。在那个时间点，新奇事件将达到无限，人类意识到的感觉得到的任何事情和所有事情，都会在那时同时出现。

这些预言都指出了人与自然本是一个命运共同体的本源。尊重自然、敬畏自然，是人们作为自然一个组成部分的本分。

“一带一路”中非携手构建中非命运共同体

一、命运共同体之中非合作论坛

2018 年，中国举办四场主场外交，其中 9 月份在北京举行中非合作论坛峰会，主题是“合作共赢，携手构建更加紧密的中非命运共同体”。

在 2018 年中非合作论坛上，中国宣布了一系列对非务实合作的新举措，将中非关系在一个充满不确定性和不稳定性的时代进程中的内涵推至新高度。其中“一带一路”作为打造中非命运共同体的基本路径，是面对时代命题、面对“百年未有之大变局”的破题之路。

中国国家主席习近平指出，“和平与发展是当今时代的主题，也是时代的命题。面对时代命题，中国愿同世界各国携手构建人类命运共同体；愿同国际合作伙伴共建‘一带一路’，把‘一带一路’建设成为和平之路、繁荣之路、开放之路、绿色之路、创新之路、文明之路……”“我们要抓住中非发展战略对接的机遇，用好共建‘一带一路’带来的重大机遇，把‘一带一路’建设同落实非洲联盟《2063 年议程》、联合国 2030 年可持续发展议程以及非洲各国发展战略相互对接，开拓新的合作空间，发掘新的合作潜力，在传统优势领域深耕厚植，在新经济领域加快培育亮点。”

第一，对发展的新动力与新机遇的寻求是当下世界最突出的命题，“一带一路”契中新兴世界的发展脉搏，对新兴世界特殊发展潜力的拉动与释放明显呈现。

进入 21 世纪以来，尤其是 2008 年全球金融危机以来，世界发展的驱动力由北方发达世界向南方发展中世界转移，非洲涌现了一批拥有民族自信、政局稳定且经济增速处于世界领先水平的国家。这块新大陆的劳动力优势、资源优势、农牧业和工业化进程的广阔前景正在鲜明凸显。对发展中国家而言，发展是第一位的，是最高程度的国家利益体现。在这一大背景下，“一带一路”是非洲在历史更迭关键节点上的正向机遇与驱动力，它顺应了非洲自身对快速发展和稳定机遇的寻求。

既往五年，在“政策沟通”的大前提之下，“设施联通”“贸易畅通”“资金融通”和“民心相通”具体项目在非进展迅速。包括一系列“一带一路”铁路旗舰项目在内的基础设施建设，尤其成为非洲大陆实现经济增长的重要的动力源，这与非洲自身“三网一化”建设的需求高度吻合。相关研究指出，非洲内部跨区域基础设施建设的推进，与非洲内部贸易投资的增长、非洲整体 GDP 的增长呈现强烈的正相关。如果说推进新一轮非洲大陆发展的动力，来自非洲内部优势因素的长期积累与积极的外部拉力的有机结合，“一带一路”正是非洲自身优势与外部拉力良性结合的典范所在。

第二，在可持续、协同发展中实现持久共赢、而非零和博弈，是中非合作成为世界格局中建设性力量的关键因素，“一带一路”正是两大区域创造性开辟和延拓共同发展空间、实现两大文明共同复兴的机遇所在。

“一带一路”所倡导的平等合作和务实发展，是新型南南关系的导向与坚实基础。中国是非洲的第一大贸易伙伴和非洲增长最快的投资来源国，中资企业是非洲基础设施建设项目最重要的承担者。一些非洲本土研究机构指出，这是一种投资者和从中受益的非洲国家之间的合作关系。“一带一路”的合作，是中国与非洲互为机遇、互为支点式的合作。

可以预见的是，未来中非合作将通过一系列强有力的创新举措、创新项目进一步转型升级。从“一带一路”现有项目看，中资企业在非洲国家实施项目的过程中不断探索，包括项目的属地化管理，技术转移的进一步推进，以及在社会责任履行和环境保护方面积极推进信息透明与信息共享。可以说，中非有能力在未来的创新合作中进一步塑造广阔的发展空间。

第三，长远来看，在人类社会现代化文明进程中，在未来世界多元化的发展体系中，中非承担着与传统成熟的西方发达国家良性互动、推动世界体系的演变更加包容开放的历史使命。“一带一路”共商、共建、共享的原则，开放包容的丝路精神，以及塑造世界和平发展环境的建构性心胸，都有其独特的吸引力。

在当下保护主义在大西洋两岸回潮、经济全球化遭遇挑战的大背景下，中非在“一带一路”平台上互为支点、互为机遇的紧密合作，对于改善与传统西方世界的关系，寻求互利、共赢、多边的世界新格局尤其影响深远。从这个意义上说，中非是真正意义上相互扶持的、拥有共同持久发展需求的命运共同体。

在全球发展的历史脉胳中，中非合作在很多领域尚不成熟，尤其由于非洲大陆经济发展水平的落后，未来合作的规模和范围有着巨大提振空间，非洲有望成为最具潜力的新兴市场，中国则将进一步成长为开拓世界发展新动力，尤其给发展中国家带来机遇的建设性力量。在这种成长与崛起中，挑战与阻力无可避免，运用文明的力量、互助的力量跳出困局，从打造中非命运共同体到走向更广阔的世界，形成宽广、深遂的新的发展空间，既是“一带一路”的要义，也是时代大势所在。

习近平主席在峰会开幕式上发表主旨讲话，谈论到当今世界正在经历百年未有之大变局。世界多极化、经济全球化、社会信息化、文化多样化深入发展，全球治理体系和国际秩序变革加速推进，新兴市场国家和发展中国家快速崛起，国际力量对比更趋均衡，世界各国人民的命运从未像今天这样紧紧相连。

同时，我们也面临前所未有的挑战。霸权主义、强权政治依然存在，保护主义、单边主义不断抬头，战乱恐袭、饥荒疫情此伏彼现，传统安全和非传统安全问题复杂交织。

我们坚信，和平与发展是当今时代的主题，也是时代的命题，需要国际社会以团结、智慧、勇气，扛起历史责任，解答时代命题，展现时代担当。

——面对时代命题，中国把为人类作出新的更大贡献作为自己的使命。

中国愿同世界各国携手构建人类命运共同体，发展全球伙伴关系，拓展友好合作，走出一条相互尊重、公平正义、合作共赢的国与国交往新路，让世界更加和平安宁，让人类生活更加幸福美好。

——面对时代命题，中国愿同国际合作伙伴共建“一带一路”。我们要通过这个国际合作新平台，增添共同发展新动力，把“一带一路”建设成为和平之路、繁荣之路、开放之路、绿色之路、创新之路、文明之路。

——面对时代命题，中国将积极参与全球治理，秉持共商共建共享全球治理观。中国始终是世界和平的建设者、全球发展的贡献者、国际秩序的维护者，支持扩大发展中国家在国际事务中的代表性和发言权，支持补强全球治理体系中的南方短板，支持汇聚南南合作的力量，推动全球治理体系更加平衡地反映大多数国家特别是发展中国家的意愿和利益。

——面对时代命题，中国坚定不移坚持对外开放。面对世界经济增长的不稳定性不确定性，中国坚持走开放融通、合作共赢之路，坚定维护开放型世界经济和多边贸易体制，反对保护主义、单边主义，把自己囚于自我封闭的孤岛没有前途！

习近平主席总结中非合作共赢的深刻启示，宣示中国解答时代命题的大国担当，进一步阐明“打造什么样的中非命运共同体、如何打造中非命运共同体”，绘就新时代中非合作蓝图，为共筑更加紧密的中非命运共同体注入强劲动力。

合则强，孤则弱。经济全球化风起云涌，地球村联系更加紧密，互利合作托举起人类文明进程。中非合作论坛在世纪之交创办，18 年来，中非贸易额增长 17 倍，中国对非投资增长 100 多倍，实实在在的合作成果惠及人民，让中非友好传统不断展现新活力，也为发展中国家间合作确立了新标杆。相知无远近，万里尚为邻。当世界上最大的发展中国家同发展中国家最集中的大陆携手共建美好未来，放大的必然是“一加一大于二”的积极效应。

简单的合作，只是物理叠加，要想产生共赢的化学反应，合作必然要建立在真心实意和共同发展的基础上。为什么非洲国家领导人感慨，“中国是真心实意帮助我们发展经济”？为什么“一带一路”的“朋友圈”越来越大，“伙伴网”越来越密？原因就在于，中非合作更在乎义利兼顾，更看重互利共赢。提出真实亲诚的对非政策理念和正确义利观，欢迎非洲搭乘中国发展的快车、便车，出台“十大合作计划”、夯实“五大支柱”，红红火火的中非合作背后，彰显的是新时代中国开放包容、互利共赢的大国气度，成为中国打开国门搞建设、主动同世界融合发展的有力见证。

“根之茂者其实遂，膏之沃者其光晔。”历史的发展自有其规律和逻辑。几十年来，中非同舟共济、守望相助，走出了一条特色鲜明的合作共赢之路，中非合作成为南南合作的典范。以真实亲诚理念和正确义利观为基石，以中非人民对美好生活的向往为方向，这条道路深刻昭示我们，只要在合作中坚持真诚友好、平等相待，坚持义利相兼、以义为先，坚持发展为民、务实高效，坚持开放包容、兼收并蓄，中非友好合作前景必定无限广阔，中非关系发展必将大有可为。

“大道泛兮，其可左右。”置身世界百年未有之大变局，各国人民的命运从未像今天这样紧紧相连，人类也面临前所未有的挑战。答好和平与发展这一时代命题，需要国际社会一起行动、共同担当。把为人类作出新的更大贡献作为自己的使命，愿同国际合作伙伴共建“一带一路”，积极参与全球治理，坚定不移坚持对外开放，展现了中国“为世界谋大同”的责任担当，道出了各国谋发展、求合作的共同愿望。

中国是最大的发展中国家，非洲是发展中国家最集中的大陆。携手前行的路上，中非早已结成休戚与共的命运共同体。面对新形势、新任务，回应中非人民对美好生活的共同追求，打造责任共担、合作共赢、幸福共享、文化共兴、安全共筑、和谐共生的中非命运共同体。这一宏伟目标，顺应中非合作大势，旨在将中非发展战略紧密对接，让双方政治互信和经济互补的独特优势充分发挥，让人文交流的源泉不断涌流，赋予中非命运共同体新的时代内涵，为中非合作在新起点上不断深化、树立构建人类命运共同体的典范指明了实践方向。

共筑更加紧密的中非命运共同体，关键在行动。开展对非合作，在中非合作论坛约翰内斯堡峰会上提出的“十大合作计划”全面落实：2017 年中非贸易额达 1700 亿美元；中国企业为非洲国家创造近 90 万个就业岗位；中国为非洲国家在农业、减贫、公共卫生等领域实施了数百个项目，给中非人民带来实实在在的获得感。

雁群之所以能够穿越风雨，不仅在于彼此有结伴成行的意愿，更在于相互借力和依靠的实际行动。无论是应对经济增长乏力、发展鸿沟突出的“发展之问”，还是求解恐怖主义、难民危机、重大传染性疾病、气候变化等非传统安全威胁，人类前途系于各国人民对务实合作的坚定抉择。从防控埃博拉病毒、加强和平与安全能力建设，到分享减贫经验、深化产能合作，中非全方位合作，为人类社会携手应对全球性挑战做出了表率。合作，从来都是抗御挑战和风险的最好武器。更重要的是，因为合作领域的延伸、合作精神的厚植，所以有了“患难与共、风雨同舟的好兄弟、好朋友、好伙伴”，建构起“休戚与共的命运共同体”。

懂合作是真聪明，善合作是真本领。坐地巡天、跨洋越海，人类进步的脚步纵然无远弗届，可比打通地理阻隔还难的，是打通保护主义、单边主义的人为阻隔。环视今日世界，经济全球化抹平了起伏的疆界，创造了巨大的价值，点燃了人们对美好生活的无限向往。没有哪个国家能够孤存于世界经济的大海之外，也没有哪个国家可以逆经济全球化实现自身发展。中非合作给世界最大的启示，就是摒弃以意识形态划线的老思维，超越你输我赢、赢者通吃的老观念，走出一条合作共赢、共同发展的新道路，更好地把握经济全球化机遇，在互惠互利中实现共同繁荣。

本次中非合作论坛北京峰会，恰逢共建“一带一路”倡议提出 5 周年。成立 18 年来，论坛业已建立起一套完整、务实、高效的运作机制。每三年召开一次部长级会议，对中非友好互利合作作出新规划；每年召开一次高官会，推动协调落实。事实充分证明，中非合作论坛绝不是清谈馆，而是知行合一的行动队，推动中非务实合作取得了一系列看得见、摸得着的成果。今天的中非合作论坛已成为引领国际社会对非合作的一面旗帜。

平等互信、务实高效、合作共赢是中非合作论坛的鲜明特征，也是各成员方共同遵循的价值追求。在论坛框架下，中国和54个非洲成员方都是平等的，每三年共同商定一套行动计划，确定优先合作领域和重点方向，共同督导会议成果后续落实工作，并向下一次会议报告落实成果。为协调推进落实工作，中国政府早已设立了“中非合作论坛中方后续行动委员会秘书处”。2015年中非合作论坛约翰内斯堡峰会后，非洲国家也成立了中非合作论坛后续行动委员会，同中方共同推进约堡峰会成果落实。

中非合作论坛致力于帮助非洲国家实现自主可持续发展。非洲经济不独立，政治上就受制于人；经济不发展，非洲就摆脱不了贫困和冲突。非洲国家实现自主可持续发展面临三大瓶颈，即基础设施滞后、人才不足、资金短缺。2015年12月，习近平主席在约堡峰会上提出了旨在支持非洲加快工业化和农业现代化等的中非“十大合作计划”，支持非洲破解三大发展瓶颈，引领中非合作共赢、共同发展的新时代。

新时代的中非互利合作不是平分蛋糕，也不再局限于发展援助，而是要主张政府引领、企业主体、市场运作、合作共赢。中方认为，援助只能解决生存问题，要实现自主可持续发展，正如乌干达总统穆塞韦尼所说，非洲国家最需要的是投资、市场准入和旅游。中非合作论坛成效显著，看得见、摸得着，给中非人民带来了实实在在的利益。中国全方位支持非洲国家加强自主发展能力建设，为支持非洲实现自主可持续发展作出了独特、重要贡献。

中非合作论坛北京峰会以“合作共赢，携手构建更加紧密的中非命运共同体”为主题，通过了《关于构建更加紧密的中非命运共同体的北京宣言》和《中非合作论坛——北京行动计划（2019—2021年）》两大成果文件，全方位规划未来3年的中非各领域合作，着力深化“一带一路”建设与联合国2030年可持续发展议程、非盟《2063年议程》和非洲各国发展战略对接，在产业促进、设施联通、贸易便利、绿色发展、能力建设、健康卫生、人文交流、和平安全等领域采取更大规模行动和更多举措。

中非合作论坛北京峰会有利于进一步提升非洲自主发展能力，促进中非更高水平的合作共赢、共同发展，为中非人民带来更多福祉。如果说人类命运共同体是一幅指引“人类到哪里去”的恢宏长卷，那么共建“一带一路”、构建新型国际关系等中国倡议，则犹如一支支灵巧画笔，为人类美好未来描绘出实践路径。期待中非合作再谋新篇，期待“一带一路”上发生精彩的中非故事，也期待更多国家和地区像中非合作一样，为世界汇聚起开放融通、合作共赢的时代潮流。

二、“一带一路”中的埃塞俄比亚

很多“一带一路”的具体项目在埃塞落地，如亚吉铁路、亚的斯亚贝巴轻轨、东方工业园、华坚国际轻工业城等，从某种程度上说埃塞已经成为“一带一路”在非洲的样板国家。

（一）埃塞总体情况

埃塞俄比亚是具有3000年文明史的古国，国土面积114万平方千米，人口过亿，是非洲第二大人口国家。

作为非洲传统政治大国，在55年前的1963年，31个非洲独立国家领导人会聚埃塞首都亚的斯亚贝巴，通过并签署了《非洲统一组织宪章》，决定成立非洲统一组织（非盟前身）。从此，非统成为非洲最大的区域性组织，是非洲大陆团结的象征。当时选择埃塞首都作为非统的总部，很大程度是因为埃塞从未被西方殖民过，象征着非洲国家的独立与自强。今天，在非盟很多重要会议结束之后，非洲国家的首脑、政要、企业家等会主动选择中国在埃塞的项目进行深度考察，并希望复制成功的经验与模式。

2010年，埃塞政府启动首个“增长与转型”计划（Growth and Transform-ation Plan I），类似于中国的五年规划。多年来，埃塞政府各级官员高频次到中国考察，回国后积极发展基础设施、能源和电信等基础性行业，大建以出口创汇为先导的工业园，为国民经济的长期发展打下基础。2013年，埃塞政府聘请中国开发区协会为其拟订工业园发展规划。2014年埃塞政府成立工业园开发公司（IPDC），于2015年颁布《工业园法》，将工业化作为重点优先发展方向，工业园开发战略成为其中核心战略举措。埃塞政府积极倡导以农产品加工为核心的农业现代化，夯实农业和畜牧业基础，大力发展咖啡、油料种子、鲜花、牛羊以及皮革出口等传统优势产业。15年来，埃塞俄比亚GDP年均增长维持在10%以上。

就产能合作而言，在劳动力密集型产业在中国和东南亚面临成本上升时，埃塞希望利用本国劳动力优势承接国际产能转移，复制中国式的工业化路径，实现经济从农业主导向轻工制造业主导的升级，进而使埃塞成为下一个全球制造业中心。

（二）埃塞“一带一路”项目进展情况

1. 亚吉铁路：东非第一条电气化铁路

亚吉铁路全部采用中国标准、中国设计、中国资金、中国监理和中国装备建设而成，全长751.7千米，客运设计时速120千米，货运设计时速80千米，总投资约38亿美元，其中约28亿美元使用中国进出口银行商业贷款，由中国铁建中土集团、中国中铁二局分段建设，由中国国际工程咨询公司担任工程监理；建成后由中土集团—中国中铁联营体负责运营维护，机车车辆来自中国中车。这是中国在非洲建设的第一条集技术、标准、设备、融资、施工、监理、运营和管理为一体的全流程“中国元素”的电气化铁路。

亚吉铁路被誉为埃塞和吉布提两国的“运输生命线”。埃塞是内陆国家，95%的进出口货物通过吉布提港转运，亚吉铁路为埃塞打通了出海通道，极大地提高了物流效率，亚的斯亚贝巴至吉布提的运输时间从公路运输的5—7天降至15个小时。对吉布提来说，亚吉铁路将有效扩大吉布提港辐射范围和吞吐效率，奠定其非洲之角物流中枢的地位。

2. 亚的斯亚贝巴轻轨：中国轻轨在非洲的第一个全产业链项目

亚的斯亚贝巴轻轨是东非第一条现代化的城市轻轨，埃塞人民对此非常骄傲。埃塞俄比亚是非洲第二人口大国，亚的斯亚贝巴是非洲最大城市之一。根据统计，亚的斯亚贝巴的人口已经达到 500 万。亚的斯亚贝巴轻轨目前有南北线、东西线两条线路，全长共 31.05 千米，设有 39 个车站。轻轨连接了郊区主要居民区和市中心的商务区，大大提高了整座城市的出行效率，成为当地最受欢迎的出行方式。

在亚的斯亚贝巴，经常可以看到人们招手拦下蓝色涂装的面包车。这些面包车价格不贵，但大多陈旧不堪，跑起来会拉起一道长长的黑烟。当地的出租车是苏联时期老式的拉达轿车，被人们称作“Blue Donkey（蓝驴）”，打出租车在亚的斯亚贝巴是一件奢侈的事情。

轻轨费用非常便宜，2、4、6 比尔不等，运营时间是早 6 点到晚 10 点。高峰期 15 分钟一列，其他时间是间隔 20 分钟一列。自 2015 年下半年通车至 2018 年 5 月 31 日，轻轨已安全运营 985 天，累计开行列车 23 万列次，运营里程达 584.2 万千米，共计运送旅客 1.29 亿人次，日均客流 10.45 万人次，历史最高单日客流 18.5 万人次（在国内，部分城市的地铁日均客流也就 2 万人）。轻轨一节车厢最大载客 317 人，地铁载客 1600 人。所以，首都轻轨日均载客 10 万人，极其不易。

轻轨在多个方面改变了这座城市的面貌。以前由于缺乏公共交通，到了晚上 8 点，整座城市就进入了睡眠状态。现在轻轨运营到晚上 10 点，商店、餐馆可以关得晚一些，城市的商业因此活跃起来。轻轨成为埃塞的城市品牌，每年有很多非洲大型会议在亚的斯亚贝巴召开，很多国家代表团都会来参观这条轻轨，对它赞不绝口。

3. 产业园

目前，埃塞政府主导建设的 8 座在建工业园全部由中资企业承建。已建成的 2 座非政府主导工业园——东方工业园和华坚国际轻工业城全系中国民营企业投资开发。

东方工业园（Ethiopian Eastern Industry Zone）：是中国民营企业投资的产业园，也是该国境内首个由外资建成且正式运营的工业园区，推动了埃塞工业园法的落地。2008 年，中国江苏永元投资有限公司在埃塞投资建设东方工业园，将现代工业园发展理念和模式引入埃塞。2013 年之前没有多少企业入园。江苏永元最初来埃塞是准备生产自来水管，结果发现本地毫无工业基础，于是做水泥，卖得供不应求，实现财富的原始积累后现在转向做园区投资和运营。作为民营企业，园区靠的是“滚动式发展”，靠在当地投资的东方水泥厂、东方钢铁厂等收入来支撑园区发展，一边赚钱、一边投入。

东方工业园一期工程总投入约 2 亿美元，最艰难的时刻甚至要变卖国内资产来支撑园区发展。最开始的时候，3 万元 / 亩的价格都招不到企业。2013 年是个拐点，国家提出“一带一路”倡议，一大批企业到非洲寻求发展，进入东方工业园的企业迅速多起来了。工业园一期已有 83 家入园企业，解决了 1.4 万当地人员就业。

华坚国际轻工业城：华坚鞋厂是最早落户东方工业园的企业之一，并被视作中国与埃塞进行产能合作的样板。进入厂区，可以看到写着“准时是诚信、早到是浪费、迟到是耽误、准时是责任”“热爱家庭、幸福美满、热爱生活、健康快乐”等中文、英文、埃塞文条幅。

作为劳动密集型企业，华坚也受益于埃塞低廉的劳动力成本，巩固了企业的国际竞争力。这里的人工成本差不多是国内的七分之一（江苏无锡红豆集团等在海外建产业园区的最初原因也是解决劳动力成本问题），电费是国内的一半。尽管物流成本高，但综合算下来，效益还是国内的若干倍。目前，亚吉铁路已经实现商业化运营，但货物出口流程不畅，华坚等企业依然依赖公路运输，物流成本和时间成本较高。

通过进入非洲开始谋划全球布局，华坚集团国内的两个生产基地仍在生产，高端产品在东莞完成，中低端产品在赣州完成，而未来准备把 60% 的产能转移到埃塞等非洲国家。

非洲以及东南亚国家的产品出口享受免关税、免配额等政策，中国企业在埃塞生产的鞋和服装等产品出口到欧美，可以享受零关税政策，而如果从国内出口则要交高达 30%—40% 的关税。目前很多纺织企业在建，如江苏阳光、无锡一棉、无锡金茂等纺织龙头。

到2015年4月，埃塞政府才出台了首部工业园法（Industrial Park Proclamation），这部法在很大程度上与东方工业园的实践有关，但新法的关键词是“park”，东方工业园最初用的是“zone”，因此东方工业园无法享受新的优惠政策。另外，东方工业园归奥罗莫州管辖，国家工业园法的优惠政策无法在东方工业园落地，但遇到现实问题往往州政府又解决不了。

埃塞正处于大发展时期，土地价格一路飞涨让工业园区价值迅速攀升。2008年，东方工业园拿地仅需1比尔/平方米·年，并享受99年租期，而目前，在园区拉动效应下，周边土地已涨到68比尔/平方米·年，十年涨了68倍。但现在的问题是，园区申请的二期土地，政府迟迟不批，在埃塞方看来，中国企业给的“钱”少了。

华坚国际轻工业城自2017年11月份至今，发生7次罢工，累计罢工天数长达28天，使外向型民营制造企业遭受巨大损失。华坚共有5个国际贸易合作伙伴，但是现在已经有4个客人停止下订单了。频繁停电导致很多生产设备损坏，电力专线久拖不决，企业只能自购柴油发电，费用上升。埃塞节日多，再加上税务、银行、海关、交通运输等政府部门办事效率很低，对出口导向的企业来说，无异于“雪上加霜”。目前，华坚希望埃塞政府批准外销70%、内销30%，享受与其他工业园一样的政策。

埃塞政府应努力提供规范化的政策条件，在土地、税收、劳工等问题上的政策应清晰、可预期，创造健康的营商环境，要“放水养鱼”，而不是“杀鸡取卵”。积极推动埃塞政府将东方工业园以及华坚国际轻工业城等“有功之臣”纳入该国工业园法所覆盖的园区。

对中国企业而言，除了为欧美代工、为非洲解决就业外，企业要致力于打造自身品牌。唯有品牌无法替代，代工以及解决就业，任何企业都可以去做，中国企业参与“一带一路”要真正实现高质量发展。另外，园区建设不是越多越好，要有高附加值的样板项目，不仅要走出去，更要走进去（知识产权、技术、资质、品牌等软联通）、走上去（文化、理念、价值形成国际共振，激发国际社会分享中国企业的冲动）。有一句话，很有道理，即“所有的人都参与，就没有获胜者”（all involved，few win）。

人福埃塞药业：在埃塞，药品85%需要进口，人福埃塞药业第一阶段投资2000万美元，建在阿姆哈拉州，占地7公顷。2017年建成，致力于做成埃塞第一的药厂（已经有印度企业在埃塞做药）。目前，该公司试生产抗感染、抗菌、精神类等31个品种，未来超过100个品种，产品将销往整个东非，有望成为东非第一的药厂。现在，中方只有20多人，7—8个埃塞员工配一个中国师傅。

人福医药集团股份公司成立于1993年，于1997年在上海证券交易所上市。人福医药是湖北省第一家上市的民营高科技企业，中国医药工业百强，中国民营企业500强，全国科技创新示范企业。企业创始人团队来自武汉大学研究生。

2017年营收154亿元。全球员工1.6万人。公司坚持“做医药细分市场领导者”战略以及“创新、整合、国际化”三大路径，已在国内的麻醉药、生育调节药、维吾尔药等多个医药细分领域建立了领导地位，闯出了一条“人福模式”的国际化先行探索之路。

公司在美国成立人福普克药业（美国）公司，收购了美国药企Epic Pharma，联合汉德资本收购美国最大BFS药厂Ritedose；同时，积极布局非洲市场，在马里建成西非第一座现代化药厂人福非洲药业，在埃塞俄比亚建成人福埃塞药业，在马里和布基纳法索均成立了医药商业公司。目前，人福医药集团已实现在美国、欧洲和非洲等世界范围内的产业、市场和研发布局。

在埃塞，本地药厂基本是工棚化生产，企业感觉与当地政府沟通困难，办事效率慢（但比马里快）；药学人才缺乏，雇用之前得先替雇员交学费，不然这些人需要优先服务国家机构；没有成熟的产业工人，中国企业要先培训，不仅培训技能，甚至需要培训行为规范。

医药虽然是高门槛，但的确是“一带一路”国家的硬需求。人福在非洲布局，增速很快，是“软联通”的优秀案例。笔者建议，可以推进中埃药品标准互认，药准字号可技术转移，同时在中药国际化方面发力。目前，在东方工业园，重庆三圣也在做药，一期投资规模达 8500 万美元。

力帆汽车：中国车企纷纷落地埃塞市场。埃塞每年大概有 18000 台各种车辆的进口，大部分为二手车，在为数不多的大约 3000 台新车销售中，力帆汽车的销售总量占据了约三分之一的份额。在首都街头，偶尔可以看到黄绿色的力帆出租车。

中国汽车价格有优势，但品质以及售后服务与日企有很大差距。此外，由于埃塞的外汇短缺，企业已经没有美元去购买原材料。因此，力帆已经很长时间关停生产线。其实企业不是缺乏订单，力帆在埃塞的工厂年产能有 3000 台至 5000 台，但实际年产能只有 1000 台左右，主要是因为埃塞实施外汇管制，现在外汇不足，导致企业无法申请到足够的外汇进口零部件。

“一带一路”已经在路上，随着中非合作的不断深入推进，明天的中非合作必将取得共生共赢新的辉煌。

三、合作共赢，命运与共

“合抱之手”是中非合作论坛的会徽。会徽左侧红色“C”代表中国，会徽形状字母“a”代表非洲，寓意中非团结与合作。

赴非洲投资兴业的中国企业家，在“小商品之都”义乌打拼的非洲商人，挺进西非疫区抗击埃博拉的中国医生，在北京大学南南合作与发展学院学习的非洲留学生……越来越“平”的世界里，中非“合抱之手”握得更紧。

当前，中国人民正致力于实现“两个一百年”奋斗目标和中国梦，非洲人民也正致力于实现联合自强、发展振兴。中非人民对未来合作充满期盼。

在元首外交的有力引领下，中非政治互信提升至更高水平。中国同非洲国家的伙伴关系体系建设不断完善，迄今已同 24 个非洲国家建立战略伙伴或全面合作伙伴关系，中非关系定位由新型战略伙伴关系提升为全面战略合作伙伴关系。冈比亚、圣多美和普林西比、布基纳法索先后同中国复交，重返中非友好大家庭。中方任命了外交部中非合作论坛事务大使，40 多个非洲国家任命了中非合作论坛峰会成果落实协调人。

“非洲国家对中非合作论坛北京峰会有很高期待。”尼日利亚中国问题研究中心主任查尔斯说。习近平主席在中非合作论坛北京峰会前访问非洲，表明非洲在中国的对外关系中的重要地位。中非务实合作不断取得更多成果。2015 年举行的中非合作论坛约翰内斯堡峰会上，中方宣布实施中非“十大合作计划”，使中非全方位、多层次、宽领域合作格局更为清晰。

2018 年是约翰内斯堡峰会成果落实的收官之年。在中非双方共同努力下，约堡峰会成果正在得到全面有效落实。截至 2018 年 3 月，中方承诺提供的 600 亿美元资金支持中超过 90% 已经落实或作出安排。肯尼亚蒙巴萨至内罗毕铁路、海信南非工业园等一大批基础设施、工业园区等战略项目顺利推进。

“当你踏上非洲这片土地，就会看到很多中国企业的投资项目，他们帮助非洲国家修建公路、铁路、机场和港口。”纳米比亚总统根哥布说。在中方支持下，非洲国家基础设施建设蓬勃发展，有力地推动了非洲区域一体化进程。

作为中非友谊的社会根基，双方人文交流也呈现出更强动力。

2018 年 7 月 23 日至 24 日，在成都举行的第五届中非民间论坛上，尼日利亚女外交官阿芙卢克忙于和来自政府、公益组织、高校的中方代表深入交流，对“追溯到上世纪 60 年代”的中非交往有了更新认识。

此次论坛发布了《中非民间友好伙伴计划（2018—2020）》，推出几十项中国民间未来三年将要实施的对非民间合作项目，为今后三年中非民间交流合作规划了路线图。

5 年多来，中非已举办百余场人文交流活动，实施 200 多个人文合作项目。目前，我国在非洲 41 个国家设有 54 所孔子学院和 27 所孔子课堂；双方已建立 130 多对友好城市，每年赴非旅游的中国游客超过百万人次。

“我期待同非方领导人在北京共襄盛举，共商中非合作发展大计，为增进中非人民福祉、促进世界和平与发展贡献力量。”2018 年 7 月 1 日，习近平主席在致非盟第 31 届首脑会议的贺信中向非洲各国领导人发出诚挚邀请。访非期间，习近平主席介绍峰会筹办理念，非洲国家领导人积极响应，表示愿同中方一道努力，将峰会办成加强中非团结合作的又一历史性盛会。“中非合作论坛北京峰会有望将中非全面战略合作伙伴关系提升到一个新水平。”非盟委员会社会事务委员阿米拉说。

这是新时代中国特色大国外交又一生动实践—此次论坛峰会将是党的十九大之后中国面向非洲和发展中国家采取的重大外交行动。在 6 月底召开的中央外事工作会议上，习近平强调，要深化同发展中国家团结合作，推动形成携手共进、共同发展新局面。

“中非是休戚与共的命运共同体和合作共赢的利益共同体。无论国际风云如何变幻，无论中国发展到哪一步，中国始终同非洲等广大发展中国家站在一起，永远做非洲的真诚朋友和可靠伙伴。”习近平在多个场合阐述中国对非外交理念。

这是一个深化合作、惠及人民的关键节点——围绕非洲发展的现实需要，同时着眼于中非合作的长远健康发展，中方将在产能合作、基础设施建设、经贸、环境保护、人文交流、和平安全等领域推出新的对非合作举措，以更好地造福非洲人民。

卢旺达政策分析研究所执行主任卡伊特希表示，期待召开的中非合作论坛北京峰会将“一带一路”倡议与非洲的发展规划结合起来。“这必将有利于促进中国和非洲的共同发展与繁荣。”

这是中非关系发展史上又一重要里程碑——2018 年是中非关系发展的“大年”。习近平主席访非后，非洲各界均表示期待论坛北京峰会为进一步加强非中全方位合作推出新举措、创造新机遇。

非洲各国领导人还表达了共同建设更加紧密的中非命运共同体的强烈愿望。中非双方一致主张维护多边主义，反对单边主义和保护主义，都认为发展中国家应该加强团结，希望世界更加和平、公正、合理。

四、携手构建更加紧密的中非命运共同体

百尺竿头，更进一步。中国愿以打造新时代更加紧密的中非命运共同体为指引，习主席在中非合作论坛北京峰会上提出未来3年和今后一段时间重点实施“八大行动”。从“十大合作计划”到“八大行动”，助力非洲发展的大国担当一脉相承，合作共赢的务实举措更加精准。

一是实施产业促进行动。中国决定在华设立中国－非洲经贸博览会；鼓励中国企业扩大对非投资，在非洲新建和升级一批经贸合作区；支持非洲在2030年前基本实现粮食安全，同非洲一道制定并实施中非农业现代化合作规划和行动计划，实施50个农业援助项目，向非洲受灾国家提供10亿元人民币紧急人道主义粮食援助，向非洲派遣500名高级农业专家，培养青年农业科研领军人才和农民致富带头人；支持成立中国在非企业社会责任联盟；继续加强和非洲国家本币结算合作，发挥中非发展基金、中非产能合作基金、非洲中小企业发展专项贷款作用。

二是实施设施联通行动。中国决定和非洲联盟启动编制《中非基础设施合作规划》；支持中国企业以投建营一体化等模式参与非洲基础设施建设，重点加强能源、交通、信息通信、跨境水资源等合作，同非方一道实施一批互联互通重点项目；支持非洲单一航空运输市场建设，开通更多中非直航航班；为非洲国家及其金融机构来华发行债券提供便利；在遵循多边规则和程序的前提下，支持非洲国家更好地利用亚洲基础设施投资银行、新开发银行、丝路基金等资源。

三是实施贸易便利行动。中国决定扩大进口非洲商品特别是非资源类产品，支持非洲国家参加中国国际进口博览会，免除非洲最不发达国家参展费用；继续加强市场监管及海关方面交流合作，为非洲实施50个贸易畅通项目；定期举办中非品牌面对面活动；支持非洲大陆自由贸易区建设，继续同非洲有意愿的国家和地区开展自由贸易谈判；推动中非电子商务合作，建立电子商务合作机制。

四是实施绿色发展行动。中国决定为非洲实施50个绿色发展和生态环保援助项目，重点加强在应对气候变化、海洋合作、荒漠化防治、野生动物和植物保护等方面的交流合作；推进中非环境合作中心建设，加强环境政策交流对话和环境问题联合研究；开展中非绿色使者计划，在环保管理、污染防治、绿色经济等领域为非洲培养专业人才；建设中非竹子中心，帮助非洲开发竹藤产业；开展环境保护宣传教育合作。

五是实施能力建设行动。中国决定同非洲加强发展经验交流，支持开展经济社会发展规划方面合作；在非洲设立10个鲁班工坊，向非洲青年提供职业技能培训；支持设立旨在推动青年创新创业合作的中非创新合作中心；实施头雁计划，为非洲培训1000名精英人才；为非洲提供5万个中国政府奖学金名额，为非洲提供5万个研修培训名额，邀请2000名非洲青年来华交流。

六是实施健康卫生行动。中国决定优化升级50个医疗卫生援非项目，重点援建非洲疾控中心总部、中非友好医院等旗舰项目；开展公共卫生交流和信息合作，实施中非新发再发传染病、血吸虫、艾滋病、疟疾等疾控合作项目；为非洲培养更多专科医生，继续派遣并优化援非医疗队；开展“光明行”“爱心行”“微笑行”等医疗巡诊活动；实施面向困难群体的妇幼心连心工程。

七是实施人文交流行动。中国决定设立中国非洲研究院，同非方深化文明互鉴；打造中非联合研究交流计划增强版；实施50个文体旅游项目，支持非洲国家加入丝绸之路国际剧院、博物馆、艺术节等联盟；打造中非媒体合作网络；继续推动中非互设文化中心；支持非洲符合条件的教育机构申办孔子学院；支持更多非洲国家成为中国公民组团出境旅游目的地。

八是实施和平安全行动。中国决定设立中非和平安全合作基金，支持中非开展和平安全和维和维稳合作，继续向非洲联盟提供无偿军事援助。支持萨赫勒、亚丁湾、几内亚湾等地区国家维护地区安全和反恐努力；设立中非和平安全论坛，为中非在和平安全领域加强交流提供平台；在共建“一带一路”、社会治安、联合国维和、打击海盗、反恐等领域推动实施50个安全援助项目。

为推动“八大行动”顺利实施，中国愿以政府援助、金融机构和企业投融资等方式，再向非洲提供600亿美元支持，其中包括：提供150亿美元的无偿援助、无息贷款和优惠贷款；提供200亿美元的信贷资金额度；支持设立100亿美元的中非开发性金融专项资金和50亿美元的自非洲进口贸易融资专项资金；推动中国企业未来3年对非洲投资不少于100亿美元。同时，免除与中国有外交关系的非洲最不发达国家、重债穷国、内陆发展中国家、小岛屿发展中国家截至2018年底到期未偿还政府间无息贷款债务。

“八大行动”，支撑起新时代中非合作的四梁八柱。在产业促进、设施联通、贸易便利、绿色发展、能力建设、健康卫生、人文交流、和平安全的合作框架下，大至启动编制《中非基础设施合作规划》、设立中国－非洲经贸博览会，小到建设中非竹子中心、实施妇幼心连心工程等，无不体现了“授人以鱼，更要授人以渔”的合作智慧，为引领中非合作向更高质量发展、推动中非全面战略合作伙伴关系迈向新高度提供了强劲推动力。中非“十大合作计划”给中非人民带来丰硕成果，展现了中非共同的创造力、凝聚力、行动力，将中非全面战略合作伙伴关系成功推向新的高度。

“面对国际局势的新变化和非洲大陆发展的新需要，峰会将出台中非下一步全方位合作的新举措。”国务委员兼外交部长王毅说。大道行思，取则行远。承担着谋划未来的历史使命，论坛北京峰会将助推中非关系开启新征程，推动构建更加紧密的中非命运共同体。

迈向人类命运共同体
构建世界和谐新秩序

以和平、和谐、道德为宗旨的人类命运共同体的世界秩序重建，需要一个公理，一个规则。

一、亨利·基辛格的均衡外交说

读懂了基辛格，就读懂了世界，基辛格是一个传奇。这位来自德国的犹太移民，创造了20世纪世界政治多个标志性事件。他的前半生与哈佛结缘，后半生在白宫度过。很少有人像他那样在哈佛与白宫游走自如，既是一个大师级学者，又是一个长袖善舞的国际政客。

基辛格在哈佛的本科毕业论文，长达377页，导师看了前100页，便情不自禁提笔批了“最优”。因为他的论文篇幅过长，哈佛因此制定了“基辛格规则”，限定大学生撰写本科毕业论文的长度，不得超过基辛格论文长度的1/3。他的博士论文主题是19世纪的维也纳体系，著名的基氏均势理论就此奠基。1957年，基辛格出版了《核武器与对外政策》，首次提出了有限战争理论，哈佛因此聘用他，成为著名的国际关系研究大家。12年之后，基辛格弃学从政，在尼克松总统赏识之下，在国际舞台上大展宏图，中美关系破冰、缓和中东局势、结束越南战争，因此而获得诺贝尔和平奖。卡尔·马克思有一句名言：“哲学家们只是用不同的方式解释世界，而问题在于改变世界。”马克思是一个既能解释世界，又能改变世界的历史伟人，基辛格也属这样的豪杰。

前几年基辛格的《论中国》一书在中国出版，在读书界风靡一时，笔者因他如此深刻地了解中国感到吃惊，没有一个美国人比他更了解中国的当代政治与国家领袖了。这位95岁的老人，又出版了他的封笔之作《世界秩序》，中信出版社推出了中文版，倾读之下，不由拍案叫绝。基辛格，不愧为全球国际关系第一大师，他有独家的均势理论，又梳理出以自家理论为骨架的历史演化脉络，兼以无人可比的从政经验，使得《世界秩序》成为他本人乃至国际关系领域的巅峰之作。

中国已经崛起，以世界第二的姿态，一步步走向世界舞台的中央。然而，我们关于世界秩序的知识储备配得上自己的经济实力吗？想改变和颠覆现存世界秩序的大有人在，然而，又有多少人真正了解现代的世界秩序究竟从哪里来，又将到哪里去？

读基辛格的《世界秩序》，就会豁然开朗，给人许多启示、方法和方向。

众所周知，现代国际体系起源于17世纪中叶的《威斯特伐利亚和约》。17世纪初神圣罗马帝国内部天主教与新教的尖锐对立，引发了惨绝人寰的“三十年战争”，日耳曼诸邦国60%的人口被消灭，交战各方不分上下，打得筋疲力尽之后，最后终于现实理性占了上风，交战诸国坐到谈判桌前，签订了《威斯特伐利亚和约》，各国相互承认主权、领土完整，从此基督教神权世界宣告结束，一个以民族国家为主体的新世界来临。

基辛格指出：“威斯特伐利亚体系的普遍意义源自它的程序性特征，即在价值观上是中立的。它的规则适用于任何国家：不干涉他国内部事务，边界神圣不可侵犯，国家享有主权，鼓励遵守国际法。”

以往中世纪的战争都是以上帝为名义的战争，各国为争夺神的恩宠、为占据宗教的正统而厮杀，那是价值的纷争，不可和解、无所让步，每一方的内心都充满了神圣的正义感，都自以为是上帝最好的子民，哪怕血流成河、尸骨遍野，也在所不惜，那些死难者不过是上帝意志在人间展现过程中被碾压的无足轻重的小草。

自16世纪新教改革之后，欧洲逐渐进入了一个马克斯·韦伯所说的祛魅时代，一个共同的神消失了，每个国家、每个人内心都有自己所供奉的上帝。“三十年战争”是一场上帝之争，但没有一个国家有实力能够将自己的上帝强加于他国。于是，一种程序性的工具理性代替了实质性的价值理性，主宰国际关系的基本法不再是自以为是的神圣价值，而是工具性的主权承认；正义不再体现为究竟谁代表上帝，而是遵循普遍的程序性原则。这就是威斯特伐利亚体系的核心所在，因而它适应不同的宗教、文明和文化传统所形成的国家间交往，它是世界祛魅的世俗化产物，难怪今日的世界依然处在威斯特伐利亚体系的延长线上——除此之外，你想不出更好的解决跨宗教、跨文明、跨文化的国家之间纷争的有效方式。

从17世纪的威斯特伐利亚体系到19世纪的维也纳体系，维系和平的秘密不再是共同信奉的上帝，而是一只看不见的手：均势。价值祛魅的世界必定是一个霍布斯式的丛林世界，丛林世界要有和平，必须有各种力量之间的均衡，让每个国家都明白，合作要比不合作好，霸权之间保持适度的张力。《威斯特伐利亚和约》之后的200年，欧洲避免了类似“三十年战争”的多国混战，首先是英国纵横捭阖，守护了欧洲大陆的整体均势，其次是法国操纵了中欧的均势，严防统一后的德国作为头号强国崛起。

然而，基辛格认为，均势是很容易被打破的，“均势至少受到两方面的挑战，一是某一大国的实力强大到足以称霸的水平，二是从前的二流国家想跻身列强行列，从而导致其他大国采取一系列应对措施，直到达成新的平衡或爆发一场全面战争”。拿破仑大帝的出现是前一种挑战，但很快为联合起来的欧洲强国所镇压，重新回到维也纳体系的新均势。而两次世界大战中的德国作为野心勃勃的后发达强国则是后一种挑战，也最终归于失败。

德国之后，再无挑战者？其实，世界的均势是相对的，而不平衡是绝对的。意识形态所激发的野心、国家利益的无限膨胀，会不断地产生对世界均势的挑战者。之所以如此，基辛格如此分析：“威斯特伐利亚体系的弱点是其长处的反面。尽管这个体系有饱经战乱的国家设计，但它并没有提供一种方向感，它给出了分配和维持权力的方法，但没有解答如何产生的合法性。”这意味着，假如要实现康德的“世界永久和平”的理想，在利益的交易和实力的均衡之外，依然要寻找一种更高的普世价值——这一价值，当今世界，不必是高度分裂的宗教信仰，而是世俗性的人文价值。毕竟18世纪的启蒙运动为世俗的人文价值奠定了全球基础，而且已经在世界各大轴心文明和民族文化之中获得回应。哈佛大学政治学巨擘约翰·罗尔斯在世时写的《万民法》，试图从不同的宗教和文明传统中发掘当今世界的普遍人权法则，就是继承康德壮志未酬的遗志，为世界秩序寻找新的合法性价值。

2015年是世界反法西斯战争胜利70周年，第二次世界大战之后的欧洲，意识到仅仅靠均势的威斯特伐利亚体系，无法实现稳定的世界秩序，需要一个超越于均势之上的统一欧洲。法德之争是过去300年间欧洲每一场战争的渊源所在，在冷战的背景下，法国与西德实现了终极性的和解，开始携手合作。冷战结束之后，一个统一的欧洲诞生了，欧盟的出现，象征着对威斯特伐利亚体系的摒弃，在民族国家之上，有了一个更高的，虽然是有限的价值与利益共同体。欧洲是多元的，也是同质的，这个同质不仅体现在多极世界中欧洲的共同利益，更重要的，乃是来自古希腊罗马、中世纪基督教和近代启蒙所奠定的欧洲价值观，这是欧盟合法性的精神支柱所在。

当威斯特伐利亚体系的始作俑者正在超越自身、致力于建构一个世界新秩序的时候，亚洲却成为这个业已过时体系的忠诚继承者。基辛格说：“威斯特伐利亚模式的国际秩序如今在亚洲推行得最为得力，远强于欧洲，中东更是无法与亚洲相比。”历史上的亚洲与欧洲不同，并没有一个类似罗马帝国那样的共同帝国，也没有基督教那样的统一宗教。今日的亚洲各国，存在着各种宗教：中国的儒教、东亚的大乘佛教、东南亚的小乘佛教、南亚次大陆的印度教、印尼、马来亚、巴基斯坦的伊斯兰教，还有韩国的基督教和菲律宾的天主教。亚洲成为轴心文明最丰富、最齐全的地域。好在东方世界具有多神教传统，不像历史上一神教的欧洲和中东，为了一己之信仰而大打出手，发生宗教战争。不过，亚洲各国不同的宗教背景虽然不至于爆发战争，却是建立亚洲共同体难以跨越的屏障，因为超国家共同体的建立，最终还是要取决于是否有合法性基础：共享的价值观。

基辛格发现，今日的亚洲各国，民间大众的民族主义情绪泛滥，政府基本按照 19 世纪欧洲的国家理性方式进行外交，国家利益至上，并不排除武力的选项。更要命的是，还缺乏欧洲式的均势。因为在欧洲，主要国家的利益即使不完全一致，也是相互兼容的。亚洲却没有这样的利益一致性，各大国为自己选定的重点就是证明，印度最担心中国，中国却认为与自己分量相当的竞争者是日本和美国。不过，这位老资格的国际关系权威也表达了谨慎的乐观："现在印度、日本和中国均由有战略眼光的强势政府领导，虽然竞争可能加剧，但找到大胆的解决办法的可能性也大为增加。"在欧盟式的超国家共同体远未露出曙光之前，亚洲各国只能暂时按照威斯特伐利亚体系的原则维护脆弱的均势，美国是东亚均势的最重要砝码。

冷战结束之后，美国成为新世界体系的主导者，两霸相争成为一霸独揽。不要忘记美国是一个具有极端一神教传统的清教徒国家。早在 1630 年，约翰·温思罗普总督就在驶往马萨诸塞的移民船上宣布：我们要在新大陆建立一座上帝的"山巅之城"，其正义原则和榜样力量将激励整个世界。基辛格认为，近代欧洲秩序的基础一直是政教分离，将绝对的道德观与现实政治谨慎地分离，但美国的外交是传播美国价值观的工程，认为其他民族都应该渴望这套普世的价值观，复制美国的现代化道路。美国是又一个矛盾的大国，既有盘算自己利益的孤立主义传统，又有理想主义的传教精神，其外交政策经常在二者之间震荡，试图找到平衡点。

就塑造世界秩序而言，美国历史上最伟大的总统当属曾经做过普林斯顿大学校长的伍德罗·威尔逊。对于他，中国的知识分子并不陌生，五四时期的陈独秀称之为"世界上第一个好人"。威尔逊总统在巴黎和会上提出了十四点和平原则，最早论述了国际联盟的设想，以保障大小国家的领土完整与政治独立。威尔逊主义是超越威斯特伐利亚体系的理想与实践，可惜当年巴黎和会上如狼似虎的英国与法国，唯国家利益是图，视实力均势为唯一法宝，让威尔逊主义没有落地的空间，之后建立的国际联盟也只是一个中看不中用的空架子。

直到第二次世界大战结束美国成为西方的新盟主之后，威尔逊主义才有了实践的机会。基辛格说：威尔逊之所以伟大，乃是他提出了宏大愿景，极大地激发了美国的例外主义传统，每当爆发世界性的危机，美国都会以某种理想主义的方式回归威尔逊主义。然而，威尔逊主义的悲剧在于，它留给这个举足轻重大国的，只是一套令人振奋但脱离历史感和地缘政治意识的外交政策学说，美国之后的一系列国家错误皆与此有关。例如美国的中东政策，事实证明，以多元民主取代萨达姆的残暴统治要比推翻这个独裁者困难得多，伊拉克内部、逊尼派、什叶派和库尔德人之间由来已久的矛盾，在美国式民主选举之下，演化为无法整合的宗教与民族冲突。而以埃及革命为中心的"阿拉伯之春"，最终被证明为不过是一场美国所不喜欢的"伊斯兰觉醒"。

向美国所主导的世界秩序公然挑战的，当属伊斯兰教。基辛格说："伊斯兰教既是一种宗教，又是一个多族裔的超级国家和一种新的世界秩序。"伊斯兰教所想象的世界秩序，乃是一个没有祛魅的真主意志的世界，埃及穆斯林兄弟会的创始者哈桑·班纳提出，要用伊斯兰的制度取代世俗的民族国家体制，他充满激情地号召穆斯林信徒："穆斯林的祖国将延伸到全世界，难道你们没有听到神圣和全能的安拉的话？我们将与异教徒战斗到底，直到永远不再受到迫害，直到安拉是唯一的信仰！"在20世纪的历史当中，曾经有多个世界秩序的挑战者，从希特勒的纳粹种族主义到东正教的第三世界革命，最后都归于失败，如今的伊斯兰教对基督教世界秩序的挑战，又会有什么样的结局？是短暂的威胁，还是一场永无止境的一神教之争？

威斯特伐利亚体系以其超越宗教、超越终极价值的程序性设计，为各民族国家的和平相处，提供了国际法的公共尺度。然而，正因为其背后价值合法性的不足，使得和平永远是战争之间的空隙，一旦国家间的均势被打破，就会有诱导战火的挑战者出现。哈佛大学一项研究表明，历史上的新兴大国和原有大国互动的15个例子中，有10个最后走向了战争。

到了21世纪，中国作为一个新兴的大国正在崛起，从国家经济总量而言，十年之内，中国将超过美国，成为头号GDP大国。中美之间，难道必有一战？基辛格对此并不悲观。作为美国首屈一指的中国通，他对中国的了解未必比美国少。他承认，对于中美两国而言，对方都是一个难以通约的“例外”：“两国的文化和政治背景有着重大差异。美国的政策着眼于务实，中国则偏重概念。美国从未受过邻国威胁，中国的边境四周却无时无刻不强敌环伺，虎视眈眈。美国人相信每一个问题都有解决办法，中国人却认为每个问题的解决只会引起新的问题。美国人对眼前形势一定要拿出结果，中国人注重的则是大局的发展。美国人制定‘可以做到的’计划，中国人只确定总的原则，进而分析它的走向。”不管基辛格的对比是否正确，但中美之间因为价值观和文明传统的差异，的确隔着一层无法打破的钢化玻璃。

自从晚清备受列强欺凌之后，中国放弃了天下主义的雄心，守护的只是威斯特伐利亚体系的民族国家主权底线，基本上自家管自家的事，表现出一种东方式的孤立主义。虽然到了21世纪崛起于世界，但诚如李光耀所说：“中国与其他新兴国家不同，中国想按照自己的方式被世界接受，而非作为西方社会的荣誉会员。”“过去，苏联与美国抗衡以争夺全球主导权，现在，中国的行为纯粹是为了自己的国家利益，它对改变世界不感兴趣。”不过，东方式的孤立主义能够维持多长的时间呢？中国无意于挑战现存世界秩序，但作为一个黑格尔所说的“世界民族”，中国的一举一动，总是会在世界舞台上发生超乎自己预期的影响。

基辛格在本书中提出了一个世界秩序三要素理论：力量、克制和合法性。他认为：“秩序永远需要克制、力量和合法性三者间的微妙平衡。”中国作为一个新兴大国，已经拥有了青春期的肌肉与力量，也具备了中年人的隐忍与克制，独独缺少的，是关于世界秩序想象的合法性价值。（命运共同体的理念则明确了中国对于世界秩序重建的原则和价值观。）

不要以为合法性价值不重要，那是世界领导权的核心所在。世界霸主的巅峰对决，最终不是实力的较量，而是价值观的比试。谁赢得了全球普遍的人心，谁就把握了世界文明的未来。在20世纪，德国之所以两次挑战世界秩序失败，乃是其始终缺乏引导世界的新价值观和普世性建制。只有一己之民族利益和国家理性，是不会获得世界尊重的。

时殷弘曾经做过一个富有启发性的研究，他借助乔治·莫德尔斯基的世界政治大循环理论，发现近 500 年来，所有对世界领导者的挑战无一不落入失败者的行列，替代老霸主成就新一代霸业的国家，都是先前世界领导者的合作伙伴。例如 17 世纪取代葡萄牙的荷兰、18 至 19 世纪的英国和 20 世纪的美国。时殷弘提出的这一观点，或许需要作个别的修正，问题不在于国与国之间的关系，而在于对普世文明的态度：凡欲挑战全球核心价值的最终难免失败，而顺应普世文明又有所发展的，将有可能以新的文明领导世界，成为地球方舟的新一代掌舵人。

（一）对世界秩序的思考

1961 年基辛格作为一名年轻学者去堪萨斯城做讲演时，拜访了杜鲁门总统，当被问到在担任总统期间哪件事最令他感到骄傲时，杜鲁门回答说："我们彻底打垮了我们的敌人，随后又把他们拉回到国际大家庭中。我认为，只有美国才会这样做。"杜鲁门总统深知美国拥有巨大的实力，但最令他感到骄傲的是这一实力所包含的人道和民主价值。他更希望后人铭记他是因为美国与敌人实现了和解，而不是战胜了敌人。

杜鲁门之后历届美国总统都做过类似的表述，他们都对美国在历史进程中表现出来的类似品质感到自豪。这一时期的大部分岁月里，他们致力于捍卫国际大家庭反映了一项美国共识：不断扩展合作型秩序，各国遵守共同的规则和准则，实行自由经济体制，誓言不再攫取他国领土，尊重他国主权，建立参与性的民主治理体制。

然而今天这一"基于规则的"国际体系面临诸多挑战。我们频频听到各方面的呼声，促请各国在一个共同体系内"尽自己应尽的一份力量"，遵守"21 世纪的规则"，抑或充当一个"负责任的利益攸关者"。这反映了该体系没有一个各国均认可的定义，对什么是"应尽的"力量也没有一致的理解。西方世界之外的其他地区，在这些规则的最初制定上发挥的作用也微乎其微。

它们对这些规则提出质疑，明确表示要推动修改这些规则。今天“国际社会”一词在各种场合出现的次数之频繁可能超出了任何一个时代，然而从这一词中却看不出任何清晰或一致的目标、方式或限制。

当今时代锲而不舍，有时几乎是不顾一切地追求一个世界秩序的概念。世界混乱无序，各国之间却又史无前例地相互依存，从而构成了种种威胁：大规模杀伤性武器在扩散，国家解体、环境恶化、种族灭绝现象层出不穷，以及有可能将冲突推向人类无法控制或无法想象地步的新技术正在扩展。新的信息获取和传播方式把世界各地区前所未有地连接在一起，使人们从全球视角审视各种事件。然而这种状况却让人无暇思考，使领导人不得不对任何事件都即刻作出反应。种种不受任何秩序约束的势力是否将决定我们的未来？

（二）不同类型的世界秩序

从来不存在一个真正全球性的“世界秩序”。如前所述，当今时代的所谓秩序源于近 400 年前在德国的威斯特伐利亚召开的一次会议。其他几个大陆和多数人类文明国家没有参加这次会议，甚至不知道有这么一个会议。此前中欧地区的教派冲突和政治动乱持续了一个多世纪，最终酿成了 1618—1648 年的“三十年战争”。这是一场各种政治和宗教争执相互交织的战争，卷入其中的各方针对人口稠密地区发动了“全面战争”。中欧将近四分之一的人口死于战火、疾病或饥饿。筋疲力尽的参战各方于是召开会议，为制止流血作出一系列的安排。新教的存活和发展，导致了一统宗教的分裂。打成平手的各种自治的政治单元并存，呈现出政治多样化的特征。因此，当代世界的形态大致是在欧洲形成的：一批多元化政治单元探索用于管控自身行为、减缓冲突的中立规则，它们中间没有一方强大到可以战胜所有其他对手，很多政治单元信奉截然不同的哲学，或者有自己独特的信仰。

威斯特伐利亚会议建立的和平反映了各方对现实的妥协，而不是一种独特的道德洞察力。它以一个由各个国家组成的体系为基础，各国不干涉彼此的内部事务，并通过大体上的均势遏制各自的野心。在欧洲的角逐中，没有哪一方的真理观或普适规则胜出，而是每个国家各自对其领土行使主权。各国均把其他国家的国内结构和宗教追求当作现实而加以接受，不再试图挑战它们的存在。既然均势现在已被视为一种自然的、不无裨益的存在，各国统治者的野心因此受到相互制约，至少从理论上限制了冲突的范围。欧洲历史上偶然产生的分裂和多样性构成了新的国际秩序体系的特征，具有自己独特的哲学观。从这个意义上讲，欧洲为结束自己大陆上的战祸所做的努力预兆并催生了近代世界的智慧：避免对绝对价值作出评判，转而采取务实的态度接受多元世界，寻求通过多样性和克制渐渐生成秩序。

17 世纪巧妙地缔造了威斯特伐利亚式和平的谈判者没有意识到，他们正在为一个全球适用的体系奠定基础。这些谈判者根本没想过把比邻的俄国包括进来。经历了噩梦般“动荡时期”后的俄国当时正在重新巩固自己的秩序。它推崇的原则与威斯特伐利亚均势背道而驰：单一君主拥有绝对权力，信仰单一的东正教，奉行向四面八方扩张领土的计划。其他各大权力中心也认为，威斯特伐利亚会议（如果它们听说过有这么一个会议的话）与自己所在的地区无关。

当年世界秩序的概念只适用于那个时代的政治家已知的地理范围。世界其他地区的世界秩序概念也是一样，主要原因是当时的技术不鼓励甚至不允许一个单一的全球性体系的运作。由于缺少可以不断保持互动的手段，又没有一个可以衡量不同地区实力大小的框架，每一个地区都把自己的秩序视为独一无二，把其他地区视作“未开化之地”，这些地区的治理方式与自己的既有体系毫无相似之处，与既有体系的构想毫不相干，只是对既有体系的一种威胁。每一种秩序都把自己界定为合法组织人类社会的标准模式，好像自己在治理眼皮底下的领土时，就是在号令天下。

在欧亚大陆上与欧洲遥遥相对的另一端，中国位居自己建立的等级分明、理论上具有普适性的秩序中心。这一体系已经运行千年。早在罗马帝国一统欧洲时期，中国已存在这一体系。它不是建立在各国主权平等基础之上，而是基于自认为普天之下莫非王土的观念。根据这一观念，不存在欧洲意义上的主权，因为皇帝统御“天下”。皇帝位居一个独一无二的，全天下的政治和文化等级制度之巅。这一等级制度从位于世界中心的中国首都向外辐射到人类居住的所有地方。根据其他地方的人对中国典籍和文化体制的熟悉程度这一宇宙观，一直延续到近代，分别把他们视为开化程度不同的蛮夷。这种观点认为，中国的灿烂文化和繁荣经济令其他社会拜服，吸引他们前来与之建立关系。中国可以通过掌控与他们的关系号令世界，进而达到“天下大同”的目标。

在欧洲与中国之间的大部分地区，伊斯兰教的世界秩序观占统治地位。伊斯兰教也憧憬建立一个一统天下、消除战乱的单一的神授政权。公元 7 世纪，伊斯兰教跨越各大陆，开始了一波前所未有的弘扬宗教运动和帝国扩张，先后统一了阿拉伯世界，吞并了罗马帝国的残山剩水并降服了波斯帝国，继而把中东、北非、亚洲大片地区和欧洲部分地区收归翼下。伊斯兰教的普世秩序观认为，它命中注定要在“征伐之地”不信奉伊斯兰教的人居住的所有地区实现扩张，直到先知穆罕默德的圣训把全世界变成一个完整统一的和谐体系。正当欧洲建立一个基于多国之上的秩序时，以土耳其人为主的奥斯曼帝国也声称自己代表唯一的合法统治，在阿拉伯世界的腹地、地中海、巴尔干半岛和东欧确立了至高无上的地位。奥斯曼帝国对欧洲基于各国关系的新生秩序并不陌生，认为它不仅不值得仿效，而且是孕育分裂的根源，奥斯曼帝国可以借此向西扩张。15 世纪，征服者穆罕默德告诫实行多极秩序的意大利诸城邦：“你们一共有 20 个国家彼此争执不休，世界上只能有一个帝国，一种信仰，一个世界主权。”

与此同时，在大西洋彼岸，一种新的世界秩序的基础正在“新大陆”形成。17 世纪，就在欧洲的政治和宗教冲突如火如荼时，一批清教徒开始了“荒野之旅”，去实现上帝的计划，挣脱既有的在他们眼里也是无效的权力结构。正如前面所说的，1630 年约翰·温思罗普总督在一艘驶往马萨诸塞定居点的船上布道时宣布，他们要建立一座“山巅之城”，运用其正义的原则和榜样的力量激励整个世界。美国人的世界秩序观认为，一旦其他民族像美国人一样获得了自治权，和平与均势就会自然降临，昔日的宿敌也会捐弃前嫌。因此，外交政策的任务不是追求美国特有的利益，而是培育共同的原则。日后对于欧洲构建的秩序，美国将成为不可或缺的捍卫者。然而，虽然强大的美国支持这一秩序，却始终心情矛盾，因为美国人的愿景不是接受欧洲的均势体系，而是希望通过传播民主原则来实现和平。

以上所有的秩序概念中，唯有威斯特伐利亚原则被普遍认为是构成世界秩序的基础。随着欧洲国家扩张时把自己的国际秩序蓝图带到了世界各地，威斯特伐利亚体系这个基于国家之上的国际秩序框架现在已延至全世界，涵盖了不同的文明和地区。虽然欧洲国家往往不对殖民地及其人民使用主权概念，但当殖民地人民开始争取主权时，却套用了威斯特伐利亚原则。在争取主权及此后维护国家主权的斗争期间，民族利益、主权国家、国家利益和不干涉内政等原则证明是对付殖民者的有力理论依据。

当代威斯特伐利亚体系已通行全球，被俗称为“国际社会”。它力图通过一整套国际法律和组织结构抑制世界的无序性。这套体系旨在促进自由贸易和稳定的国际金融体系，确立可以接受的解决国际争端的原则，并在一旦爆发战争时对交战行为施加一定的限制。由各国组成的这一体系现在涵盖了所有文化和地区。它的各种机构为不同社会之间的交往提供了一个中立的框架，而且这一框架在很大程度上不亚于不同社会各自的价值观。

然而，威斯特伐利亚原则现在受到了来自四面八方的挑战，有的挑战还打着世界秩序的旗号。欧洲与它当初构建的国家体系渐行渐远，想通过主权共享概念超越这一体系。不无讽刺的是，虽然均势概念出自欧洲，但它却有意识地严格限制新成立的欧洲机构的权力。由于欧洲已经削减自己的军事能力，一旦普遍准则受到践踏，它几乎没有回旋的空间。

美国则摇摆不定，时而捍卫威斯特伐利亚体系，时而抨击它的均势和不干涉他国内政的前提不道德，而且落伍于时代，时而两种态度兼而有之。美国仍然坚持认为，它信奉的价值观在建立一个和平的世界秩序方面具有普遍适用性，并保留在全球范围内捍卫这些价值观的权利。然而，在两代人的时间里从三场战争中抽身后，每一场战争都始于理想主义愿望并得到公众的广泛支持，但都以国家蒙受创伤而告终。美国正在探寻如何诠释自己拥有的依然巨大的权力和信奉的原则之间的关系。

所有的主要权力中心都在一定程度上遵守威斯特伐利亚秩序的某些规则，但没有一个把自己视为这一体系理所当然的卫士。所有这些权力中心的内部都在发生重大的变化。具有不同文化、历史和传统秩序理论的各个地区能够维护任何共同体系的合法性吗？

若想做到这一点，就必须采取一种既尊重人类社会异彩纷呈的特点，又尊重人与生俱来对自由的渴望的做法。建立此种意义上的秩序必须靠长期培育，而不能强加于人。在一个即时通信和政治剧变的时代尤其如此。任何一种世界秩序体系若要持久，必须被视为是正义的，不仅被各国领导人所接受，也被各国公民所接受。它必须反映两条真理：第一，没有自由的秩序即使靠一时的鼓噪得以维持，最终也会制造出反对自己的力量；第二，没有一个维持和平的秩序框架，就不会有自由，即使有也难以长久。秩序和自由有时被说成是人类体验的两个极端。其实二者应被视为一种相互依存的关系。当今的领导人能否高瞻远瞩，不拘泥于处理紧迫的日常事件而去实现这种平衡呢？

（三）合法性与权力

回答以上问题需要解决三个层面的秩序问题。世界秩序反映了一个地区或一种文明对它认为放之四海而皆准的公正安排和实力分布的本质所持的理念。国际秩序是指在世界上很大一部分地区大到足以影响全球均势应用这些理念。区域秩序指同样的原则用于某一具体的地理区域。

合法性与权力之间的平衡极其复杂，地理范围越小，该地域的文化观念越一致，达成可行的共识也就越容易。然而在当今世界，需要有一个全球性的世界秩序。一些历史上素不相干、没有共同的价值观只是彼此保持距离而已、只认自己实力的实体更有可能带来冲突，而不是秩序。

中美之间经历了 20 年的敌对后，1971 年基辛格首次访华恢复与中国的联系时曾表示，对于美国代表团而言，中国是一片“神秘的土地”。周恩来总理回答说：“你们会发现它并不神秘。一旦你们熟悉了它之后，它就不会像以前看起来那样神秘了。”他说中国有9亿人，他们觉得自己的社会很正常。当今时代，探寻世界新秩序需要我们首先了解那些基本上不为外界所知的社会。所有国家的人民都需要克服这种神秘感，将迥然不同的历史和价值观塑造成为一个共同的新秩序。

（四）当今时代能建立世界秩序吗

第二次世界大战结束后的几十年里，一种世界大家庭的意识似乎即将形成。世界先进的工业化地区因战争而疲敝。不发达地区开始非殖民化进程，重新确立自己的身份。所有国家都需要合作而不是对抗。美国不但没有受到战火的破坏，反而通过这场战争加强了自己的经济实力和国家自信，开始推行它认为适用于整个世界的理想和实践。

美国开始接过世界领袖的火炬，并为世界秩序增添了一个新维度。这是一个明确建立在自由和代议制政府思想之上的国家，它把自己的崛起视为自由和民主的扩展，认为自由和民主这股力量能够带来迄今为止遥不可及的公正持久的和平。关于秩序，传统上欧洲认为各国及各国人民之间本来就相互竞争，为了限制它们各自的抱负引发冲突可能带来的影响，欧洲依靠的是均势和一批开明的政治家。美国的主流看法认为人类天生理性，倾向于互谅互让，讲究情理和公平交易。传播民主因此成为国际秩序的首要目标。自由市场将激励个人、富足社会，经济相互依赖将取代传统的国际对抗。这种观点认为，冷战是苏联的脱序悖逆造成的，苏联迟早会重返国际社会。此后，新的国际秩序将覆盖全球所有地区，共同的价值观和目标将使各国社会变得更加人性化，从而使国家之间的冲突更不可能发生。

几代人建立世界秩序的努力在许多方面已经结出果实。这一成功表现为：当今众多的主权国家管理着世界大部分领土；民主和参与式治理的扩展即便不是普遍的现实，也已经成为共同的志向；全球通信和金融网络实时运转，历代人难以想象的大规模的人际互动成为可能；人类共同努力应对环境问题，至少有作出努力的动力；国际科技、医疗和慈善团体集中精力应对重大疾病和卫生事件，而这些疾病和卫生事件昔日被认为是不可抗拒的天灾。

美国对这一进步作出了重大贡献。不管受益者请求与否，美国的军事实力为全世界提供了安全盾牌。在基本上由美国单方面提供的军事保护伞下，大部分发达国家结成了一个联盟体系，而发展中国家则免于某种遭受它们有时没有认识到，更不要说承认的威胁。全球性经济得以发展，美国提供了融资、市场和大量创新。从 1948 年到世纪之交是人类历史上一段短暂的时期。在此期间，一种全球性世界秩序初步显现，它既体现了美国的理想主义，又融合了传统的均势概念。

正是由于这一事业的成功，它必然最终会受到挑战，而且对它的挑战有时是打着世界秩序的旗号。威斯特伐利亚体系的普遍意义源自它的程序性特征，即在价值观上是中立的。它的规则适用于任何国家：不干涉他国内部事务，边界神圣不可侵犯，国家享有主权，鼓励遵守国际法。威斯特伐利亚体系的弱点是其长处的反面。尽管这个体系由饱经战乱的国家设计，但它并没有提供一种方向感。它给出了分配和维持权力的方法，但没有解答如何产生合法性。

在建立世界秩序的过程中，一个关键问题必然涉及该世界秩序普遍原则的实质。而正是在这个问题上，西方国家和非西方国家对待秩序的方式截然不同。从文艺复兴以来，西方一直坚信：对观察者来说，现实世界是外部因素；知识包括记录和区分数据越准确越好；外交政策的成功取决于准确评估现实和各种趋势。威斯特伐利亚体系下的和平反映了对现实尤其是权力和领土的现状的判断，代表了一种世俗的秩序概念，而不是宗教诉求。

在当代其他伟大文明中，现实情况是观察者内在认识的反映，是由心理、哲学或宗教信念界定的。儒家思想按照接近中华文化的程度把世界划分成不同层次的进贡国。伊斯兰教把世界秩序划分成伊斯兰教的和平世界和异教徒所在的征伐世界。

因此，中国认为没有必要走出国门去发现世界，认为通过在内部弘扬道德，就能在世界上建立秩序，而且是最合理的秩序。而伊斯兰教则只能通过征服或全球传教从理论上建立世界秩序，因为现在不存在征服或全球传教的客观条件。印度教相信历史轮回，认为超自然现实高于现世体验，把自己的信仰世界当成一个完整的系统，不会通过征服或劝说去争取新的皈依者。

这种区别决定着对待科学技术的态度。西方在实证研究上取得了成就，因此积极探索世界，培育科学和技术。而认为自己是世界秩序中心的其他传统文明没有这样的动力，因而在技术上落在了后面。

那段时期已经结束了。世界其他地区正在追求科学技术。由于不受既有模式的制约，它们可能比西方具有更大的能量和灵活性，至少像中国这样的国家是如此。

在地缘政治世界中，西方一手建立并声称全球适用的秩序正处在一个转折点上。这一秩序给出的对策已经全球知晓，但在这些对策的应用上却没有共识。对民主、人权和国际法等概念的解释千差万别，交战各方动辄把它们作为战斗口号攻击敌人。这个体系的规则虽然已经公布，但因缺乏强制实施手段而始终不起作用。在有些地区，对伙伴关系和共同体的承诺已经被测试对方底线的更强硬姿态取代，或至少伴有这种姿态。

有人认为，西方的说教和所作所为造成了，至少是助长了长达四分之一世纪的政治和经济危机。这一观点以及崩溃的地区秩序、不同教派之间的厮杀、恐怖主义和没有取胜的战争，导致后冷战时代初期的乐观设想民主和自由市场的扩展会自然产生一个公正、和平与包容的世界备受质疑。

在世界的几个地区，出现了一种抗衡的动力，要构筑堡垒以抵御西方发达国家诱发危机的政策，包括全球化方方面面的影响。曾经作为根基的安全承诺现在受到质疑，有时疑虑竟来自这些安全承诺旨在保护的国家。西方国家正在大量削减核武库，或降低核武器在它们战略学说中的作用，而所谓发展中世界的国家却在大力研发核武器。曾经支持美国推行美国版世界秩序的政府有时也对该世界秩序感到困惑，现在开始怀疑美国最终是否有足够的耐心把这项事业坚持到底。这种观点认为，接受西方的世界秩序“规则”会带来一些不可预测的不利因素。这一观点明显导致美国的一些传统盟国与它渐行渐远。实际上，在一些地方，普世准则例如人权、法定程序和男女平等被嘲笑为北大西洋的偏好，而且这种嘲弄还被看作一种美德和另外的价值体系的核心内容。为了排他性利益，更基本的自我认同形式受到推崇。

结果不仅造成了权力的多极化，还导致世界上的各种现实矛盾交织。绝不能想当然地认为，以上趋势会在某一时刻自动融入一个平衡、合作的世界，甚至融入某种秩序。

（五）国际秩序的演变

每一种国际秩序迟早都要面对挑战其凝聚力的两种倾向的影响：要么重新界定合法性，要么均势发生重大变化。当支撑各种国际安排的价值观被根本改变时或是被负责维护这些价值观的国家遗弃，或是被推翻，代之以全新的合法性概念，就会出现第一种倾向。西方上升时期对非西方世界的许多传统秩序就产生了这种影响。伊斯兰教在 7 世纪和 8 世纪第一波扩张时就是这样。18 世纪法国大革命对欧洲外交也产生了这种影响。此外，还有 20 世纪的法西斯极权主义，以及当今时代伊斯兰主义者对中东脆弱的国家结构发动的袭击都是如此。

这些剧变的实质是，虽然它们通常以武力为基础，但究其根本还是在心理上造成的冲击。那些遭到冲击的国家不仅要保卫疆土，还要捍卫它们的基本生活方式以及生存和行为的道德权利。这种行为方式在受到挑战前，一直被认为不容置疑。特别是多元社会的领导人，自然倾向于与革命代表协商谈判，期望后者所要的只是在现有秩序前提下进行谈判，达成一个理性的解决方案。秩序之所以沦陷，并非主要因为军事上的失败或资源的不平衡，而是因为未能看清它所面临的挑战的性质和范围。从这个意义上讲，伊朗核谈判的最终考验是：伊朗表示愿意通过谈判解决问题是战略上的变化，还是为了追求长期政策而采取的战术安排，西方是否把战术行为当成战略方向的改变。

导致国际秩序危机的第二个原因是，事实证明它不能适应权力关系发生的重大变化。有时候秩序之所以崩溃，是因为其中一个重要组成部分停止发挥作用或不再存在，就像20世纪末苏联解体时国际秩序发生的情况一样。抑或崛起国家不愿扮演它未参与设计的体系分配给它的角色，而现存大国也许无力对这一体系的平衡作出调整，以包容它的崛起。在20世纪的欧洲，德国的崛起就对国际体系造成了这样的挑战，引发了两次灾难性战争，欧洲再也没有从中恢复过来。21世纪，中国的崛起也带来了类似的结构性挑战。中美两国21世纪的主要竞争者首脑承诺通过建立“新型大国关系”，避免欧洲悲剧的重演。这一概念的具体内容仍有待两国共同阐明。中美或其中一个提出这个概念也许是一种战术策略。尽管如此，这是避免重蹈昔日历史悲剧覆辙的唯一出路。

求得秩序两方面权力和合法性的平衡是政治韬略之本。不考虑道德因素的权力算计会将每一次分歧变成实力的较量，各方野心将永远得不到抑制。面对不断变化的权力组合，各国将不得不计算得失，却得不出任何结果。这种做法实难持久。另外，不考虑均衡的道德惩戒也容易导致使用武力解决问题，或推出容易受到挑战的虚弱政策。以上两种极端倾向，哪一种都容易危及国际秩序本身的凝聚力。

部分的由于前文讨论过的技术原因，当今时代的权力处于前所未有的变动中。每一个10年间，合法性诉求的范围都会以迄今为止难以想象的方式倍增。当武器能够毁灭人类文明，不同价值体系之间的互动能够瞬间完成，而且具有前所未有的侵入性时，现有的维持均势或价值共同体的算计方式可能已经过时。

随着以上不平衡的增长，21世纪的世界秩序结构显然在几个重要方面存在着重大缺陷。

首先，国家作为国际生活的基本正式单元，它本身的性质面临重重压力，遭到蓄意攻击和拆解，在有些地区因忽视而受到侵蚀，常被应接不暇的事件湮没。欧洲开始走出国家范畴，主要凭借软实力和价值观来谋划外交政策。但是，脱离战略概念去寻求合法性能否长久维持世界秩序令人怀疑。欧洲还没有赋予自己国家特性，这容易导致内部权力真空和边境地区力量失衡。中东部分地区已经被分割成相互冲突的教派和族裔，宗教意识浓厚的民兵及背后支持他们的势力肆意侵犯边境和主权。亚洲的挑战与欧洲正好相反，威斯特伐利亚均势的各项原则大行其道，但都基于同一种合法性概念。

冷战结束以来，我们在世界的几个地区目睹了“失败国家”“无主空间”等现象。有些国家连这个称呼都配不上，无法控制武力的使用，也不能行使有效的中央权威。形形色色的准主权单元行为方式模糊不清，而且常常信奉暴力，很多情况下源自对各自迥异的文化作出极端的诠释。如果大国把操纵这些单元作为外交政策的话，无政府状态在所难免。

其次，这个世界的政治组织和经济组织不同步。国际经济体系已经全球化，而世界政治结构还是以民族国家为基础。全球经济动力旨在消除不利于货物和资本流动的障碍，而国际政治体系依然主要基于各种迥异的世界秩序观，旨在调和不同的国家利益观。经济全球化在本质上不顾及国家边界，国际政策努力调和各国相互冲突的目标，但依然强调边界的重要性。

在这些动力作用下，世界经济连续几十年持续增长，其间不时地被似乎日益严重的金融危机打断，例如 20 世纪 80 年代的拉美、1997 年的亚洲、1998 年的俄罗斯、2001 年及 2007 年的美国和 2010 年的欧洲发生的金融危机。赢家即在一段合理的时间内挺过这些风暴并继续发展的国家没有什么怨言。而输家例如深陷结构性泥潭的国家，欧洲南部一些国家就属于这种情况，寻求的解救办法否定或至少阻碍了全球体系发挥作用。

尽管危机发生的原因各有不同，但都具有一个共同特点：过度投机和忽视风险。人们发明出来的金融工具掩盖了相关交易的本质。放贷者难以评估自己作出的承诺，而借款者包括大国难以了解债务的含义。

因此，国际秩序面临一个悖论：繁荣取决于全球化的成功，而这个过程经常产生不利于实现夙愿的政治反应。全球化的经济管理者几乎没有机会参与全球化的政治进程。而政治进程的管理者不愿意冒失去国内支持的风险对经济或金融问题未雨绸缪，因为这些问题非常复杂，只有专家才懂。

在这种情况下，挑战变成了一个治理问题。各国政府面临让全球化进程向有利于本国利益或重商主义方向倾斜的压力。在西方，全球化问题与奉行民主的外交政策问题密不可分。寻求国际政治秩序与国际经济秩序的和谐挑战了原有的观点：之所以追求世界秩序，是因为它需要扩大国家框架；之所以需要对全球化加以规范，是因为可持续发展需要调整传统的模式。

最后，是没有一个有效的机制，使大国能在重大问题上磋商，也许还能合作。由于今天的多边论坛比历史上任何时期都多，以上批评也许显得有点奇怪。除了最具权威，但经常在最重要的问题上陷入僵局的联合国安理会外，现在还有北约和欧盟定期举办的大西洋领导人峰会。亚太地区领导人有亚太经合组织和东亚峰会，发达国家有七国集团或八国集团，主要经济体有二十国集团。美国是所有这些论坛的关键参与者。不过，这些会议的性质和频率不利于阐释长期战略。讨论日程安排和磋商正式议程占用了大部分准备时间。一些论坛实际上围绕着各国领导人的日程转，因为很难定期把各国首脑召集到一个地方开会。与会各国元首由于职务原因，必然更加关注他们在会议上采取的行动的公共影响，倾向于强调战术意义或公关效果。这个过程除了拿捏公开姿态之外别无他用，顶多是讨论一下迫在眉睫的战术问题，弄得不好就只是一场新形式的“社交媒体”活动。当代的国际规则和规范架构如果还有用的话，不能只靠共同宣言来确认，必须培育出一种共同信念。

总体来看，美国的领导作用始终不可或缺，尽管有时美国扮演领导角色时犹豫再三。它一直寻求保持稳定和倡导所谓普世价值之间的平衡，但这种平衡并不总是与不干涉主权或尊重他国历史经验的原则吻合。在美国经验的独特性与对其所谓普世性理想的自信之间、过度自信和内敛自省之间寻求这种平衡必然是一个永无休止的过程，但它绝不能退缩。

（六）我们走向何方

重建国际体系是对我们这个时代政治家才能的终极挑战。失败的后果不一定是国家之间的大规模战争，虽然在一些地区不能排除这种可能，更有可能的是演变成与特定国内结构和治理形式相一致的种种势力范围，如威斯特伐利亚模式或极端伊斯兰版本。在其边缘地带，各势力范围都可能对它认为不合法的秩序实体试探自己的力量。它们会连成网络，进行即时通信，不断地相互碰撞。这一过程造成的紧张状态最终会升级为谋取整个大洲乃至全球的地位和优势。地区之间的争斗有可能比以前国家之间的争斗更加惨烈。

当代建立世界秩序需要一个在各地区内部确立秩序观的一致战略，并将不同地区的秩序相互联系起来。这些目标不一定完全相同或能自我调和。一种极端运动若是获胜，或许会给一个地区带来秩序，但有可能在其他地区造成冲突，或是引发与其他地区的冲突。一国在军事上控制一个地区，即使看上去似乎带来了秩序，但有可能给世界其他地区带来一场危机。

均势概念应当重新评估。从理论上讲，均势应该是不难计算的。但事实证明，协调一国与他国的考量并对考量的极限达成共识是极其困难的。外交政策所含的臆测性是指有必要根据判断调整行动，而判断作出之时又无法验证其正确与否。在大动荡时期，尤其如此。旧秩序陷于动荡之中，它会被什么样的秩序取代又是一个未知数。因此，一切都取决于对未来的评估。然而，各国内部结构不同，对现有趋势意义的评估也会不同，更重要的是，处理这些差异的标准也会相互冲突。这就是我们这个时代的困境。

一种肯定个人尊严和参与式治理、遵照一致同意的规则开展国际合作的世界秩序不失为一条出路，也是激励我们的动力。但是，朝着这个目标前进还需要走过一系列的中间阶段。在任何一段时间，如果我们能像埃德蒙伯克所写的那样，“默许没有达到抽象的完美的可行计划，而不是追求更加完美”，通常会更好。而坚持一蹴而就有可能引发危机，甚至导致幻灭。美国的战略和外交需要容忍前进道路上的复杂曲折，既看到目标的崇高伟大，也认识到人类为实现这些目标作出的努力必然是不完美的。

在21世纪世界秩序的演变过程中，美国要发挥负责任的作用，就必须准备好回答以下几个问题：

无论以何种方式，哪怕是独自行动，美国要努力防止什么，这个问题的答案界定了社会生存下去的最低条件。

即使得不到任何多边支持，美国也要努力实现什么，这界定了美国国家战略的最低目标。

只有在联盟的支持下，美国才会实现什么，防止什么，这界定了美国作为全球体系一部分的国家战略追求目标的外沿。

即便一个多边集团或联盟敦促美国，美国也不应该参与什么，这界定了美国参与世界秩序的限制条件。

最重要的是，美国努力促进的价值观的本质是什么，推行哪些价值观要部分地取决于具体情况。

以上问题原则上也适用于其他社会。

美国在两个层面上追求世界秩序：拥抱所谓的普世原则，同时需要接受其他地区的历史和文化现实。除了分析过去困难重重的数十年积累的教训，我们还必须继续肯定美国的独特性。有些国家放弃自己的承诺或特性，择易而行，但历史不会善待它们。作为现代世界人类自由的坚定倡导者和捍卫人文价值的一支不可缺少的地缘政治力量，美国必须坚持自己的努力方向。

无论从哲学角度还是从地缘政治角度看，为了应对我们这个时代的挑战，美国必须目标坚定。然而，任何一国都不可能单枪匹马地建立世界秩序。要建立真正的世界秩序，它的各个组成部分在保持自身价值的同时，还需要有一种全球性、结构性和法理性的文化，这就是超越任何一个地区或国家视角和理想的秩序观。

在当前的历史时刻，这意味着根据当下的现实实现威斯特伐利亚体系的现代化。

相异的文化有可能构成一个共同体系吗？威斯特伐利亚体系出自约 200 名代表之手。他们分两批会聚在相距 40 英里（在 17 世纪是可观的距离）的两个德意志小镇，其中没有一人被作为重要人物列入史册。他们之所以克服了重重障碍，是因为他们都经历了惨烈的“三十年战争”，决心不让战争重现。相较而言，我们这个时代的前景更加严峻，因此必须应势而动，否则就会被挑战吞没。

远古的神秘历史碎片揭示出，人类社会无可救药地充满着变化和冲突。“世界秩序”就像火焰，“适度地燃烧，适时地熄灭”，而战争则是“世间的圣父和国王”，带来了世界上的变化。但是，“在表面之下，事物统一在一起；而统一取决于在相互对立的事物之间作出平衡的应对”。当今时代的目标必须是约束战祸，实现平衡，而且必须在历史的激流中完成这一使命。对此，一个著名的隐喻便是：“人不可能两次踏进同一条河流。”世人也许永远把历史看作一条河流，但河水会变化不止。

“多年前，我年轻自负，曾妄想就‘历史的意义’建言立说。我现在明白了，历史的意义需要探索发现，而不应断言。我们必须尽我们所能给出这一问题的答案，同时认识到今后仍需公开讨论这一问题。评判每一代人时，要看他们是否正视了人类社会最宏大和最重要的问题，而政治家必须在结果难料的情况下作出应对挑战的决策。”

基辛格先生的均衡说对世界秩序重建做了深入研究分析，同时也忧心忡忡，寄希望于今天政治家们的智慧和决策，并对未来表现出谨慎的乐观。

二、塞缪尔·亨廷顿的文明冲突说

亨廷顿在书中提到，随着冷战结束，相对于原本依据政治和经济意识形态而划分的国际秩序而言，一个新的世界性政治思维框架来分析世界政治显得更加重要，所以他提出了“文明的冲突”这一模式。

第一部分：一个多文明的世界。亨廷顿教授指出，在冷战结束之后，文明逐渐成为国际关系体系的标准，而不再是根据意识形态的不同划分国际关系。西方的支配地位也逐渐向非西方转移，世界趋向于多文明的国际趋势。亨廷顿教授分析了国际关系的四种基本范式：理想主义的和谐世界，两个世界的划分我们和他们，国家主义范式，完全混乱的世界。而这四种范式都具有其局限性，于是提出“文明的范式”，亨廷顿教授认为这种范式更具逻辑性并且符合现实，同时进行有效的预测。亨廷顿教授在这个部分探究了文明的具体内涵，“世界处在多元文明中，文明是一个文化实体。文明是对人最高的文化归类，是人类文化认同的最广范围。文明主要是依据语言、宗教、历史、习俗及主观自我认同来界定的”，亨廷顿教授认为当前世界上存在七个或八个文明。而这些文明经历了遭遇、冲击和相互作用三个阶段，最终形成当今世界的多文明的状态。在这一部分，亨廷顿教授还阐述了所谓“普世文明”的内涵以及现代化和西方化的不同性质。亨廷顿教授认为“普世文明不是全世界各民族正日益接受共同的价值、信仰、方向、实践和体制，相反，语言和宗教应该是任何文化和文明的主要因素”。“在一个日益全球化的世界里，人们对于文明、社会和种族的自我意识、自我认同加剧了，全球的普世文明并不存在。”

第二部分：变动中的各文明力量对比。亨廷顿教授认为冷战后的世界，文明的均势在西方和非西方之间发生变更，西方的支配地位逐渐减弱，而亚洲和伊斯兰文明正在复兴并重新肯定自己的文化价值。亨廷顿教授从权力、文化和宗教三个方面分析西方文明正在缓慢地衰落，西方文明在世界的影响逐渐减弱。相对于西方文明的衰落，非西方文明，特别提出亚洲文明和伊斯兰文明却得到复兴并发展起来。亚洲文明的发展源于其经济的推动与增长，但经济的成功也是由于本土文化的复兴。而伊斯兰文明的发展则是主要因为其人口的增长，打破与邻国的平衡关系。伊斯兰文明的复兴运动对于政治产生了重大的影响，人口的增长使其趋向于对外扩张，加剧与邻国的冲突，也冲击了西方文明。“在 21 世纪初期可能会发生非西方力量和文化的持续复兴，以及非西方文明的各民族与西方之间的冲突”。

第三部分：正在形成的文明秩序。亨廷顿教授提出以文明为基础的世界秩序正在出现，文化的共性能够促进国家内部以及国家之间的合作，增强国家或者国家之间的凝聚力，而文化的差异性则会加剧国家的分裂，增加国家之间的冲突。亨廷顿教授认为当前世界各国都在寻找一种认同，而这种认同在他看来不仅仅是对自身的确认，同时还需要明确敌人。“物质利益的分歧可以谈判，并常常可以通过妥协来解决，而这种方式却无法解决文化问题。”“国家都倾向于追随文化相似的国家抑或与他们没有文化共性的国家。”不同的国家根据文化的共性得到联系，围绕其文明为核心，进而形成一个新的国际秩序。各国的文明中有其核心国家，而这个核心国家正是为这一文明提供支持和参照的标准。

第四部分：文明的冲突。西方国家所倡导的所谓普世文明逐渐与其他文明发生冲突，而最突出的是与中国和伊斯兰文明的冲突。亨廷顿教授认为随着亚洲文明和伊斯兰文明的复兴，几乎所有的非西方文明对西方文明或多或少采取了抵制的态度。文明之间的权力均势从西方到非西方之间发生变更，西方文明的支配地位削弱，使得西方国家在政治、经济、军事等方面实现其目标越发困难。在这一部分，亨廷顿教授着重阐述、分析穆斯林同非穆斯林的断层带战争。断层带战争通常是文化实体中的一部分集团之间进行的战争，而这种战争发生的原因总是与不同宗教信仰之间的冲突有关。亨廷顿教授认为断层带战争虽然可以暂时性地休止，但是其之间的文化冲突则是永久性的，这一种战争形态促进了参加文化实体之间文明的相互认可，而在一个文明内部相互认可的加强反而会不断促使这种冲突的升级。“断层带战争自下而上地爆发。断层线上的和平却要自上而下地慢慢地推动。”

第五部分：文明的未来。亨廷顿教授认为西方文明的发展与历史上其他文明发展的演进模式是没有太大不同的，当今世界的西方文明可能还会持续几十年甚至几百年，也可能像非西方文明一样经历一个复兴过程。但是西方文明的复兴不仅要自我改革，扭转其影响不断削弱的局面，还要应对其他文明，特别是亚洲和伊斯兰复兴的文明的挑战。在这个过程中，美国作为一个世界大国，起到举足轻重的作用，扭转西方文明不断衰弱的局势，需要美国对西方文明进行重新肯定。在这一部分，亨廷顿教授虚构了一场战争，由一个文明中的核心国家干涉另一个文明的核心国家或者其成员而引发的战争，以此作为假设的前提，总结出防止世界战争，维护世界和平的三大原则：“避免原则”，核心国家要避免干涉其他文明的冲突；“共同调解原则”，核心国家相互谈判遏制或制止这些文明的国家间或集团间的断层线战争；“共同性原则”，各文明的人民应寻求和扩大与其他文明共有的价值观、制度和实践。因此，“文明的冲突是世界和平的最大威胁，而建立在多文明基础上的国际秩序是防止世界大战的最可靠保障。”

三、迈向多元文化共存的命运共同体

基辛格、亨廷顿从文明板块和社会结构来分析，笔者则试图从文明理念上寻找原因，又回到了西方逻辑与东方辩证的哲学观点。因此，公理认知的完成是十分困难和漫长的过程。我们应该有一个充分的思想准备，正因如此，需要我们来搭一个平台、一个组织、一个论坛，社会各界、各组织、各界人士来充分表达诉求，多方商讨、调整，最终形成一个共识的《世界和平公约》，作为一个世界秩序的公约来约束人们的行为，来构建世界新秩序。

从文脉基因上讲，文化多样性是人类文明丰富的精神财富，可以并应该共存。当我们把文明和文化分开，这样就找到了一个文明的公理，在这一公理下，多元文化共生并构建命运共同体的新秩序。

举个例子，大家都喜欢世界杯，世界各国也都积极参与，是因为它有一个大家共识的游戏规则，这样大家可以公平地在一起玩。试想一下，如果没有一个公认的规则，这个游戏怎么玩？同样我们构建世界秩序必须有一个公认的规则。

过去我们一直处在不同社会制度的争论当中，带来不断的紧张和冲突，现在的问题是要共同建立一个新秩序，一个适合生态文明时代的人类命运共同体的新秩序。

四、公共改进

命运共同体的秩序是一种避免发生“合成谬误”的秩序，诺贝尔经济学奖得主、美国经济学家萨缪尔森认为：“在局部看来是合理的东西，有效率的东西，它仅仅是对局部而言是合理的。在经济学领域中，十分肯定的是：微观上而言是对的东西，在宏观上不一定是对的；反之，在宏观上是对的东西，在微观上可能是十分错误的。举个例子来说，大家都坐在一个露天剧场看戏，突然有个人为了看得更清楚一些就站起来，然后大家逐渐都站了起来，最终大家和坐着看到的效果一样。”“合成谬误”便是社会整体缺乏有效的秩序而形成的。

命运共同体是全人类共同迈向“和平”“和谐”的一个文明时代，是一个时代的来临，不是几个人、一部分人或一个地区能够完成的。命运共同体要避免发生“合成谬误”，这样社会整体秩序才会有保障。

人类社会中，多样的文化在不同群体、不同环境中被创造出来，它们携带着各自独有的文化基因并显示出不同的特质，一代一代地传承着，基因遗传是传承，基因的变异是进化，也就是生物受外界环境条件的影响，产生带有适应性的变化，并遗传给后代，人类的物种进化也在这种内在和外在的影响中一步步向前推进，人类因此有了更聪明的大脑、更健壮的身体、更长久的寿命。

那么社会文化同样也有基因传承的过程，它们应该同样适应外界变化，不断更新自身内容，相互交融，进化出更健康更适合时代发展的文化，从而形成不互相排斥的文化血液。只有完成这种进化，人类才能在命运共同体的建设中迈向一个光明的未来，虽然这个文化基因进化过程一定是缓慢的，但是绝对是值得期待的，文化的血液一旦不再排斥，那么文明的公理就有可能统一，人类的未来才能有一个光明的方向。

参考文献

[1] [美] 亨利・基辛格:《重建的世界》。

[2] [美] 亨利・基辛格:《世界秩序》。

[3] [美] 塞缪尔・亨廷顿:《文明的冲突与世界秩序的重建》。

[4] [日] 池田大作、[英] 汤因比:《展望 21 世纪：汤因比与池田大作对话录》。

[5] [以色列] 尤瓦尔・赫拉利 :《人类简历》。

[6] [美] 彼得・德鲁克:《已经发生的未来》。

[7] [美] 亨利・基辛格:《论中国》。

[8] [匈] 欧文・拉兹洛:《世界走入混沌点》。

[9] 司马云杰:《文化价值论》。

[10]《黄帝内经》，中国古籍出版社。

[11] [英] 西蒙・蒙蒂菲奥里:《耶路撒冷三千年》。

[12] 季羡林:《东西方文化》。

[13]《沟通中西文化》，广西师范大学出版社。

[14] 老子:《道德经》，中华书局。

[15] 于春松、陈壁生:《国学与民族国家》。

[16] [俄] 托克维尔:《旧制度与大革命》。

[17] 刘南威、郭有立、张争胜:《综合自然地理学》。

附　录

基辛格：中国人和我们在看问题时存在哲学层面的差异

2018年11月6日至7日，彭博创新经济论坛（Bloomberg New Economy Forum）在新加坡举行。6日上午，中国国家副主席王岐山应邀出席该论坛开幕式并发表了主旨演讲。在随后进行的“对话基辛格：全球格局——回顾过去50年、展望未来50年”环节中，彭博新闻社总编辑米思伟（John Micklethwait）与美国前国务卿、前国家安全事务助理、彭博创新经济论坛名誉主席亨利·基辛格（Henry Kissinger）进行了时长为17分钟的简短对话，下面是对话内容。

米思伟：基辛格博士，谢谢您来这里参加此次对话。我刚刚查阅了一下历史数据。1971年，中国的经济规模仅占全球GDP总量的不到5%，这个比例现在已经提升到了20%。另外，1971年的时候，中国的对外贸易额仅占全球贸易总额的不到1%。那时您曾亲赴北京，去与您所称的“战略对手”（strategic adversary）打交道。您能给我们讲一讲，您当时去北京都做了什么？您当时所做的事情对今天的世界局势产生了怎样的影响？

基辛格：当时全世界都是冷战的战场，整个地球都被苏联与美国之间的敌意笼罩着。我们要从冷战的大背景去看当时的大多数问题。我们当时希望把中国纳入国际体系，我们有这样的想法，部分也是因为中国与苏联之间的关系非常紧张。我们当时认为，把中国纳入国际体系可以为冷战引入新的影响因素，甚至可能改变整个冷战的发展方向。事实证明，我们是正确的。第一次去北京的时候，我们对中国知之甚少，可他们却对我们十分了解。当时与我会谈的中方人员对我说，他读过我写的每一本书。

米思伟：您当时认为中国人有与我们达成交易的意愿吗？您当时对达成交易有把握吗？

基辛格：我们当时并没有太强烈的要达成某种交易的想法。我们只是希望美中两国能找到两国利益的结合点，这样我们就可以共同改变冷战的格局。我去北京并不是为了达成某个具体的协议，我的任务是代表尼克松总统向中方发出邀请。我们互相向对方详细阐述了自己对世界局势的看法，所以当美苏关系出现紧张状况时，当这种紧张状况超出美苏两国的共同框架（common framework）时，中国就可以发挥它的作用。这对苏联的战略产生了很大影响，而且最后对亚洲其他国家也产生了重大影响。

米思伟：当我们看今天的美中共同框架的时候，您认为是否也存在某个国家具有当年中国所具有的那种“战略对手”的特质呢？

基辛格：当年美中之间的谈判是从对手的角色开始的，一步一步两国之间很快就建立了合作关系。而我们今天的情况在某种意义上来说与当年是完全相反的。如今，我们两国仍然处于与当年同样的世界秩序之中，不过今天世界秩序的演化速度是当年的我们所无法想象的。正如你刚才提到的，1971年的中国在全球经济版图中是个很小的角色，可几十年来这个国家所积累的发展动力和国家实力已经改变了全球经济和商业平衡。

米思伟：所以您认为是中国的快速发展导致了当下的紧张局面。

基辛格：中国已经成长为一个新的玩家，这个国家已经有能力与美国在诸多领域进行竞争，所以我们难免会在全球各地“踩到对方的脚趾”。在面对问题时，美中两国就如何解决问题在哲学层面存在着不同的看法，这是我们在维护两国合作关系时需要面对的一个挑战。

米思伟：为了维护两国间的伙伴关系，是否存在一个框架呢？

基辛格：对于美中两国来说，在确定谈判目标之前，各自都应向对方清楚说明自己必须达到的目的是什么、自己无法作出怎样的妥协，两国应尽量避免陷入具体细节之中，做到这几点是很有必要的。

米思伟：两国之间有什么共同目标吗？您刚才提到中国人和我们在看问

题时存在哲学层面的差异，这是怎样一种差异呢？是否还可以谈谈两国之间的共同点呢？

基辛格：一个根本性的问题在于，从总体上来说，美国人认为如果一个问题出现了，那么就一定能找到办法解决那个问题；而中国人却认为，问题不可能获得根本性解决，每一个解决方案都会引发新的问题。这是美中两国在思维方式上存在的差异。

我认为，如果世界秩序持续被美中冲突所笼罩，那么这种冲突迟早会走向失控。这也是在欧洲爆发的第一次世界大战给我们带来的历史教训。两国之间出现一些意见分歧是难免的，不过两国都应该意识到，冲突的爆发将彻底摧毁人们对建立新的世界秩序的希望，我相信两国都能很清醒地认识到这一点。事实上，我对此是非常乐观的。

米思伟：解决方案是否包括某种结构性变化？这种结构性变化会使美中双边关系获得改善吗？

基辛格：说起结构性变化，我想到了当代的技术进步。我认为两国间的对话机制是存在的，两国间在经贸问题上出现分歧不应成为对其他领域造成影响的“判例”（test case）。两国都应意识到，建立新的国际秩序（new international order）是我们的重要任务，这要比两国日常遇到的贸易摩擦重要得多。

米思伟：您认为中国人是否理解您在一本著作中所阐述的世界秩序呢？也就是，在这个世界运转的过程中，我们需要保持某种程度的势力平衡。

基辛格：中国人在历史上从未经历过与另一个国家处于势力平衡状态是什么样子，因为在中国的历史上，他们在本地区一直处于绝对的主导地位。这是他们需要面对的挑战，他们需要意识到，现在有了一个实力上能与其平衡的国家，这种意识上的转变不应是被迫的，但他们需要理解这一转变的意义。我认为，美国和中国都应该从历史中汲取营养。

米思伟：具体在美国方面来说，您认为美国应该从历史中学到些什么呢？

基辛格：美国应该从历史中得出结论，并非每一场危机都是由于某一方的“恶意”（ill will）所引发。另外，美国还应该意识到，“教育别人”（educating people）与“学会与人合作”（learning to cooperate with them）之间是有区别的。所以说，并非每一种分歧都是由于缺乏互相了解造成的。我们必须清楚一点，新的世界秩序未必令我们感到熟悉。不过，“二战”结束之后，我们在塑造新的世界秩序方面做了很棒的工作。所以对此我是乐观的，我认为我们一定能找到正确的方向。

米思伟：您原来曾提到，在 19 世纪末的时候，也就是所谓的“第一次全球化时代”。当时在英国有很多人从意识形态角度很不愿看到德国的崛起。您认为现在在美国是否也存在一大群人不希望看到中国成为全球第一大经济体呢？

基辛格：是的，在美国很有可能存在这样一群人。19 世纪末，当时没有人知道现代科技对战争的影响力。如果当时人们知道第一次世界大战会以 1918 年的结局收场的话，我相信没有任何一位欧洲领导人会愿意在 1914 年 8 月加入那场战争。而现在，我们心里非常清楚如果美中两国之间爆发战争会以怎样的结局收场。关于当今的武器技术，我们不能完全确保某一种武器一定能准确理解自己被赋予的攻击使命。所以军事冲突必将带来混乱，即便从军事技术角度来看也是如此。

当两国领导人思考如何作出历史选择的时候，他们得出的结论会与我的观点不谋而合——他们必须共同去努力解决问题，除此之外别无其他选项。19 世纪的一位哲学家曾指出：“总有一天，和平将在全世界范围内实现。人类所面临的挑战在于，这种世界性的和平要么是通过人类之间的互相理解实现的，要么是通过一场毁灭性的战争实现的。”我相信，美中两国有足够的意愿避免爆发这种毁灭性的战争。

米思伟：您的这番话给了我们简短的对话环节一个非常乐观的结尾。

基辛格：这事关我们应如何行动，并非是我在预言什么。

米思伟：这取决于是什么人在采取行动？

基辛格：这取决于人们是如何理解他们正在经历的这段人类历史的。美中两国必须明白，双方各自都作出某种牺牲是不可避免的。美中两国必须了解对方是如何看待当下的世界局势和未来的变化趋势的。做到这一点非常重要，因为两国所面临的挑战是严峻的。

米思伟：好的，非常感谢您来参加这场对话。

（本书在将完成之时恰逢基辛格博士在彭博创新经济论坛发表演讲，基本观点佐证了作者的“文明不冲突”观中指出的东西方冲突来自各自哲学观推出的看法和结论不同。“美国人认为如果一个问题出现了，那么就一定能找到办法解决那个问题；而中国人却认为，问题不可能获得根本性解决，每一个解决方案都会引发新的问题，这是美中两国在思维方式上存在的差异”。而这确是在文明交融中可以融合并相互学习借鉴的。

作者认为：各自文化基因的相互融合是一个历史过程，而尽量减小不同文化基因碰撞时的排斥是政治家们的政治智慧。）

跋

写给当下与未来

当今人类的传统文化主要分为三大体系：东方、西方和伊斯兰文化。在传统文化基因作为精神信仰的基础上又发展了资本主义的商业文化、科技文化，影响着作用着人类的生产方式、生活方式和思维方式，形成了各自不同的世界观、价值观。

文化上的差异引起社会矛盾，冲突已经延续了五六千年。在人类的发展史上，从冲突、纷争、战争，又伴奏着互利、依赖、团结、和平的交响曲一路走到今天。有一种说法，斗争是人类社会发展的动力！我说和平共生是目的！

而斗争的动机又是什么呢？

从人类的基本需求来剖析，我们会清晰地发现，生存保障和生命安全的权利之争，及土地、资源、财富的所有权、使用权、处置权的争夺，即三权归属谁掌控的争夺，形成了社会结构、形态、阶级、矛盾、冲突的最基本的动机。

在以国家为单位实现区域内的民生保障的当今世界，国家（地区）之间的利益之争，又构成当今世界各国冲突的主要焦点。且矛盾冲突越演越烈，大于各国的内部矛盾。演化成全球性的人类危机，或者说是更严重的人类灾难性危机。

是和平发展，重建人类社会文明和平共生的命运共同体新秩序，还是各持己见，继续扩大对抗争夺，像第二次世界大战时期用武力、暴力解决呢，所有人都应当进行自我反思！

当今战争——核战，没有赢家！多行不义必先自毙！

文明不冲突，圣人不打架；文化有差异，人类有短板；天道有好生之德，人性有私贪之迷。人类只是地球上的一种生物，理当敬畏天地礼尊圣贤。文明可开启新纪元——创建文明新标准，寻求人类共生提升的新思想、新思路、新模式、新秩序——人类命运共同体。

文化差异是人类在进化中文明发觉的自然产物，有历史沉淀习惯的不足。

东方传统文化熏陶出的人们对文明的崇尚是，上士不争，下士好争；上德不德，下德执德。遵循天道自然法则而建立人道：天之道生而不有，圣人之道为而不争。功成身退，名成弗居。在人与人的社会交往中，坚守道德：仁、义、礼、智、信。修养身心，慈悲为怀，弱己饶人。兼济天下众生。所以中华大地有五千年到八千年文明传承，盛世不断涌现，虽有内部矛盾和觉悟程度的差异，但主体思想灵魂是以人法地、地法天、天法道、道法自然、明心见性、万教归一、三阳开泰、六合同春、和谐共生为文化基因构建起来的社会精神系统。

西方文化在《圣经》基础上，奉行平等、自由、博爱的神权精神。政教合一的神权社会和在一代一代思想家、科学家、哲学家、经济学家发展创立起来的文化发展到资本主义社会，又增添了人权自由、个性解放、私有制度合法性、利益作为人生价值标准，在市场自由竞争机制和不断追求个人财富的社会文化系统，使得原来博爱、平等的人文精神价值褪色，人性变得功利自私冷漠，表现出以本地区和部分人群保障为动机的狼性残酷竞争文化。

且西方的民主权力文化是以功利大小获得支持率的。倡导的是市场竞争、优胜劣汰的抛弃性的规则，不断追求经济增长率、刺激市场、内部膨胀危机无法解决时，扩大对外掠夺和科技、军械、商品输出，名为丰富市场，含有祸及全球之实。这种文化在一百多年的延伸中，引发了前所未有的两次世界大战，多次经济危机。至今，富能源地区的资源权争夺危机战火不熄、生灵涂炭，社会秩序混乱，民众困苦不堪！

在伊斯兰世界里以《古兰经》为基础的仁爱、慈悲、互助、团结的真主信仰文化基础上，人们又与时俱进地融合创立了科技、工业文明，也在争取着伊斯兰民族在地球上的圣战事业，斗争恐怖，尚未退热。

显而易见，全人类在科技文明的时代，并没有解决文化文明的核心问题：世界观、价值观、人生观问题。没有真正回归到圣人先贤倡导的平等、仁爱、和平、互助的人文精神文化价值的大道上来。

宇宙在运动，人类在繁衍，科技在进步，文化也必须进步。人类该走向何方？是当今全人类，特别是主流社会群体面临的考题。

中国有几句民谚：风水轮流转；三十年河东，三十年河西；富贵不过三代，帝王将相也难过五代。太极原理：物极必反；否极泰来，是宇宙法则，非人为意志能转移。五六千年的人类史实为证，老派帝国也是两三代必然衰亡。而新兴的势力群体又在不断涌现。是以全球一体化，在这个智能到来的时代完成人类命运共同体呢？还是依旧"城头变换大王旗，旗下白骨堆如山"的争霸淘汰，全球扩军对抗，各自为阵，浪费大量的民生财富，破坏更多的生态资源，毁坏更多的文明成果，牺牲更多的鲜活生命呢？

综观先贤圣哲的经典，圣人以平等、博爱、慈悲、和平、文明、道德为人类精神理念和最高价值标准。只是后来的人们以私欲贪婪的膨胀为目的，拿着圣人说教在制造人间灾难而已！回归到圣人的思想境界，人们可以找到文明并不冲突的发展方向。

世界各地民间组织、政府组织、社团民众、文化团体都做了大量的努力。欧盟在行动；曼德拉非暴力和平发展已是典范；联合国和平发展组织近几年也在不断地努力倡导；"一带一路"命运共同体和平发展的伟大行动，都是在为世界和平发展和人类命运共生共建共享的文明社会积极行动！

茅笛先生的《东西方文明散论》一书应时而生，也非一时之灵感，可以看出，茅先生是胸怀着全人类的长期文明和平进步的圣人之思想精神发出的心声，是他长期思考、关爱人类命运构建的伟大事业，以"为往圣继绝学，为万世开太平"为使命的真人学者。

我们希望以此书面世，能引发人们的一场人类文化文明大思考、大发觉、大创新、大讨论，开启人类文明时代的新纪元。

人类进化，道德振兴；冲突止步，文明回归。在未来百年后的人类子孙后代，能分享着和平、博爱、富裕、文明、自由的人间天堂，在文明史册将记载为实现人类天堂——文明地球村的伟大事业作出奉献的所有圣哲！

我们呼唤，全世界所有爱好和平的人，积极行动起来吧！这是我们时代的伟大使命！

赵崇策

传统文化学者

后　记

《东西方文明散论》脱稿了，书的完成是多年来对世界秩序纷争的一种思考，是学习先哲老子思想的一份心得，更是体悟张载“为天地立心，为生民立命，为往圣继绝学，为万世开太平”的人文情怀研学的一份作业。

我们正在进入科技高速发展五彩缤纷的世界，我们又处在一个充满多种危机和忧患的世界。这个美丽的现代文明又如火药桶一般随时有引爆的危险，而且还不知道会在何时何处引爆。生态问题日益严峻，自然的报复已从空气、海洋、生物链、食品多方面向我们袭来，这些都需要我们人类来负总责。

多年来秉承悟天人万物兴衰之道，研中外家国成败之因果，体历代圣哲伟人之胸怀，究当今世界矛盾纷争之缘由，本书的完成希望唤起更多人的思考。

本书写作过程中参阅了很多中外论著，所列参考文献难免遗漏，在此对相关作者表示衷心的感谢。本人在写作思考的过程中要致谢感恩多位朋友、同人、家人的支持鼓励，给予我许多宝贵的建议和帮助。文化学者滕捷、朱家毅先生、易经数理学者朱振武先生给出了许多好的建议，随时进行讨论的赵崇策先生提供了许多具体建议性意见，对此深表谢意。《瞭望周刊》张颖女士、终南文化研究院王拴都先生、罗建平先生、徐国旗先生、刘林强先生、张红蓉女士、刘刚给予了关心和支持，向他们深表感激。浙江大道文化传媒公司徐永卫先生、叶志胜先生、吴慧娟女士、绿发会秘书长周晋峰先生、著名文化学者田园等同人提供了宝贵的建议和支持，使此书得以完成，在此致谢。萧玲帮助文字录入，奚榕镁作为研究助理进行了大量的资料整理和文字核对，对此表示谢意。对葛亚齐的默默奉献表示感激。对兄嫂茅坪、曹文彦的关怀和鼓励借此一并感谢！另外对杨永江、姚寅平、王克勤、何东联、叶茂芬、徐群艳等同人的关切特此鸣谢！

人类命运共同体的道路漫长而艰辛，期盼更多的同人共同探索，一路前行！

茅笛

2019 年 3 月